高等职业教育智能网联汽车专业产教融合系列教材

智能网联汽车计算机基础

组　　编：易飒（广州）智能科技有限公司

主　　编：成伟华　陈　相

副主编：王景智　龚琳琳　袁　牧　何丽珠

参　　编：关子晴　马聪承　周凤霞　黄　华　叶健龙

二维码总码

U0361546

机械工业出版社

《智能网联汽车计算机基础》紧密结合当前智能网联汽车中涉及的计算机技术及其应用发展，首先进行计算机以及汽车计算机的认知学习，然后基于不同开发任务，介绍 C 语言基础、C 语言进阶、机器人操作系统（ROS）等相关知识。本书采用理实一体化的教学模式，有利于学生进一步理解和掌握知识点，培养学生具备编程应用基础能力，积累实际程序开发经验，帮助学生打下良好的编程基础。

　　本书内容新颖，实用性强，可作为职业院校、技工院校及应用型本科智能网联汽车相关专业的教材，也可以供智能汽车从业人员学习参考。

图书在版编目（CIP）数据

智能网联汽车计算机基础／易飒（广州）智能科技
有限公司组编；成伟华，陈相主编. —北京：机械工业
出版社，2024.4
高等职业教育智能网联汽车专业产教融合系列教材
ISBN 978－7－111－75598－2

Ⅰ.①智…　Ⅱ.①易…②成…③陈…　Ⅲ.①汽车-
智能通信网-高等职业教育-教材　Ⅳ.①U463.67

中国国家版本馆 CIP 数据核字（2024）第 072718 号

机械工业出版社（北京市百万庄大街22号　邮政编码100037）
策划编辑：齐福江　　　　　　责任编辑：齐福江
责任校对：樊钟英　薄萌钰　　封面设计：张　静
责任印制：刘　媛
北京中科印刷有限公司印刷
2024 年 6 月第 1 版第 1 次印刷
184mm×260mm·13 印张·294 千字
标准书号：ISBN 978－7－111－75598－2
定价：59.90 元

电话服务　　　　　　　　　　网络服务
客服电话：010－88361066　　机　工　官　网：www.cmpbook.com
　　　　　010－88379833　　机　工　官　博：weibo.com/cmp1952
　　　　　010－68326294　　金　书　网：www.golden-book.com
封底无防伪标均为盗版　　机工教育服务网：www.cmpedu.com

前　言

智能网联时代，必将重新定义汽车产业和汽车企业，进而重新定义汽车人才，这已成为业内广泛共识。具备跨产业链、跨岗位、软硬兼备能力的"新汽车人才"，已成为企业急需和行业期盼。由此，业界对职业院校具备"厚基础、宽视野、模块化"特征的"新汽车专业"的建设，也寄予了厚望。

《加快推进教育现代化实施方案（2018—2022 年）》《中国教育现代化 2035》和《国家职业教育改革实施方案》这三个有关教育改革发展的顶层文件均明确指出，要深化职业教育产教融合，完善学历教育与培训并重的现代职业教育体系，推动教育教学改革与产业转型升级衔接配套。

其中，软硬兼备——是为了适应"软件重新定义汽车"和"基于数据与平台的新汽车营销服务模式"的不断强化。对于技术类人才而言，需要不断强化软件能力。

为了培养具备软硬兼备能力的"新汽车人才"，我们编写了本书，包含 C 语言基础、C 语言进阶、机器人操作系统（ROS）三大部分内容，本书特别注重实践操作和案例分析。除了理论知识的介绍外，本书还包含了大量的实践操作指导，并对实际案例进行了分析，帮助读者更好地理解和掌握相关编程知识，以提高实践能力和解决问题的能力。

由于编者水平有限，书中难免有错误和疏漏，敬请同行、专家及使用本书的老师和读者提出宝贵意见，以利在下一步修订中改进。

编　者

目　录

前言

项目一
汽车计算机基础
概述

学习任务一
计算机与汽车计算机 / 002

学习任务二
汽车计算机的发展趋势 / 013

复习题 / 020

项目二
C 语言基础

学习任务一
C 语言概述 / 024

学习任务二
Qt 开发基础与用户界面开发 / 033

学习任务三
基本的数据与运算 / 045

学习任务四
顺序结构程序设计 / 058

学习任务五
选择结构程序设计 / 067

学习任务六
循环结构程序设计 / 077

学习任务七
函数 / 086

复习题 / 093

项目三
C 语言进阶

学习任务一
数组 / 098

学习任务二
指针 / 107

学习任务三
结构体与共用体 / 118

学习任务四
字符与字符串处理 / 133

复习题 / 143

项目四
机器人操作系统
（ROS）

学习任务一
ROS 概述与环境搭建 / 148

学习任务二
ROS 通信机制 / 158

学习任务三
ROS 通信机制进阶 / 169

学习任务四
ROS 运行管理 / 176

学习任务五
ROS 常用组件 / 188

复习题 / 199

参考文献 / 201

PROJECT

项目一
汽车计算机基础概述

- 学习任务一　计算机与汽车计算机
- 学习任务二　汽车计算机的发展趋势

学习任务一
计算机与汽车计算机

任务描述

最初仅作为军事计算工具的电子计算机，现已成为推动社会结构变革和引领人们工作和生活方式发生革命性变化的关键技术。并且它还将继续预示着未来世界的变化，使数千年人类文明史中曾有过的各种神话般的幻想逐渐变为现实。

今天，汽车已经不再只是拥有四个轮子的交通工具。人们更加希望汽车作为日常生活以及工作范围的一种延伸，在车里就像在办公室或是家里一样，能够收听音乐、看电视、看视频录像以及处理工作等。若你渴望拥有一个既温馨又时尚智能的驾驶环境，汽车计算机是实现这一愿景的必备技术。本任务通过介绍计算机的组成和系统结构及汽车计算机的功能、类型、结构组成，帮助读者全面了解汽车计算机。

学习目标

知识目标

1. 说出计算机系统的概念。
2. 说出三个级别的计算机语言名称。
3. 解释计算机的工作原理与内部运行机理。
4. 说出汽车计算机系统中硬件、软件的功能划分和相互配合关系。
5. 描述汽车计算机的功能及应用。

素养目标

1. 培养独立思考和自主精神。
2. 培养精益求精的品质。
3. 通过讲解计算机的发展历史，培养学生的信仰和社会责任感。
4. 学习那些做出杰出贡献的前辈们为计算机发展的献身精神和治学严谨、实事求是的科学态度。

知识准备

一、计算机系统概述

1. 计算机介绍

计算机是由一系列电子元器件组成的机器，具有计算和存储信息的能力。当用计算机进行数据处理时，首先把要解决的实际问题，用计算机可理解的形式，即程序，输入计算机；然后计算机按照程序的要求进行处理，最后输出处理结果。

一台完整的计算机由硬件系统和软件系统所组成，如图1-1-1所示，没有安装任何软件的计算机称为裸机。硬件系统是构成计算机系统的各种物理设备的总称，软件系统是计算机运行所需的程序及相关资料，硬件是计算机的实体，软件是它的灵魂。计算机的功能不仅仅取决于硬件，更大程度上是由所安装的软件系统决定的。硬件与软件密切相关，相互依存。在计算机系统中，硬件与软件的功能分担，在硬件基础上逐层地扩充软件是形成强大计算机系统的有效途径。

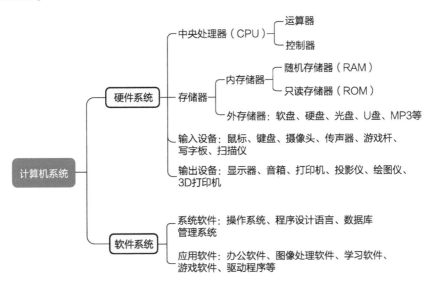

图1-1-1　计算机系统组成

计算机的软件通常又可以分为两大类：系统软件和应用软件。

1）系统软件：系统软件是指用来管理和控制计算机硬件及其资源的软件。它们为计算机提供基本的运行环境和服务，使得计算机能够正常运行。系统软件包括操作系统、编译器、驱动程序、系统工具等。常见的操作系统有 Windows、MacOS、Linux 等，编译器用于将源代码转换为机器语言，驱动程序用于管理硬件设备，系统工具用于系统维护和管理。

2）应用软件：应用软件是用户根据自己的需要编写或选择的软件，用来完成特定的任务和应用。应用软件是建立在系统软件之上的，它们利用系统软件提供的服务和资源来实现各种功能。应用软件包括办公软件、娱乐软件、图形设计软件、游戏软件等，用于满足用户的各种需求和兴趣。

这两类软件在计算机系统中发挥着不同的作用，系统软件为计算机提供了基本的运行环境和支持，而应用软件则是用户直接使用的工具，用来完成各种具体的任务和操作。

2. 计算机的基本组成

（1）冯·诺依曼机的特点

1945 年，数学家冯·诺依曼提出了存储程序的概念，以此概念为基础的计算机统称为冯·诺依曼机。它的特点可归结为以下几点。

1）计算机由运算器、存储器、控制器、输入设备和输出设备五大部件组成。

2）指令和数据以同等地位存放于存储器内，并可按地址寻访。

3）指令和数据均用二进制数表示。

4）指令由操作码和地址码组成，操作码用来表示操作的性质，地址码用来表示操作数在存储器中的位置。

5）指令在存储器内按照顺序存放。通常，指令是按照顺序执行的，在特定的条件下可根据运算结果或根据设定的条件改变执行顺序。

6）机器以运算为中心，输入、输出设备与存储器间的数据传送通过运算器完成。

（2）计算机的硬件框图

典型的冯·诺依曼机是以运算器为中心的，如图 1-1-2 所示。其中，输入、输出设备与存储器之间的数据传送都需通过运算器。图 1-1-2 中实线为数据线，虚线为控制线和反馈线。

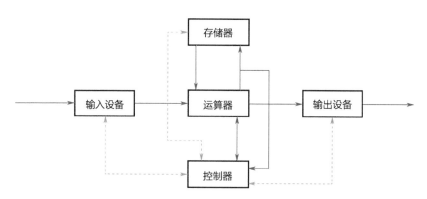

图 1-1-2　典型的冯·诺依曼机结构框图

现代的计算机已转化为以存储器为中心，如图 1-1-3 所示。图 1-1-3 中实线为控制线，虚线为反馈线，空心箭头为数据线。图 1-1-3 中各部件的功能如下。

1）运算器用来完成算术运算和逻辑运算，并将运算的中间结果暂存在运算器内。

2）存储器用来存放数据和程序。

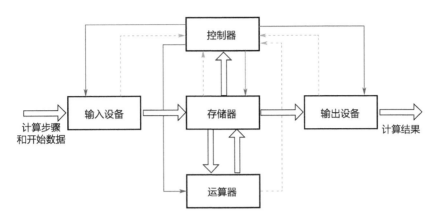

图1-1-3　以存储器为中心的计算机结构框图

3）控制器用来控制、指挥程序和数据的输入、运行以及处理运算结果。

4）输入设备用来将人们熟悉的信息形式转换为机器能识别的信息形式，常见的有键盘、鼠标等。

5）输出设备可将机器运算结果转换为人们熟悉的信息形式，如打印机输出、显示器输出等。

计算机的五大部件（又称五大子系统）在控制器的统一指挥下，有条不紊地自动工作。

随着大规模集成电路（VLSI）技术的发展，运算器和控制器在逻辑设计和电路布局上趋于一体化。因此，这两个核心组件通常集成在同一芯片上，合称为中央处理器（Central Processing Unit，CPU）。把输入设备与输出设备简称为 I/O 设备（Input/Output Equipment）。

现代计算机可以被认为是由三大部分组成的：CPU、I/O 设备及主存储器（M. M，Main Memory），如图 1-1-4 所示。中央处理器（CPU）与内存（Memory）合称为主机，I/O 设备可称为外部设备。

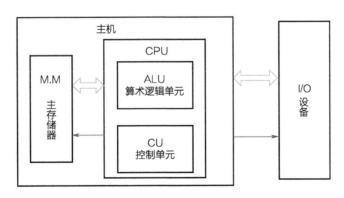

图1-1-4　现代计算机的组成框图

3. 计算机系统的层次结构

（1）计算机系统的五个层次结构

自上而下，计算机系统的层次结构分为五个层级，如图 1-1-5 所示。

第四级：虚拟机器 M4（高级语言机器），用编译程序翻译成汇编语言程序。

第三级：虚拟机器 M3（汇编语言机器），用汇编语言翻译成机器语言程序。

第二级：虚拟机器 M2（操作系统机器），用机器语言解释操作系统。

第一级：传统机器 M1（传统机器 M1），用微程序解释机器命令。

第零级：微程序机器 M0（微指令系统），由硬件直接执行微指令。

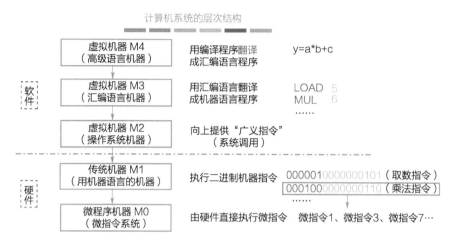

图 1-1-5　计算机系统层次结构

（2）计算机三种级别语言

计算机语言的种类非常多，总的来说可以分成机器语言、汇编语言、高级语言三大类，如图 1-1-6 所示。

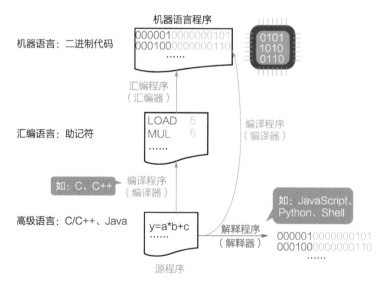

图 1-1-6　计算机三种级别的语言

机器语言：二进制代码语言，计算机唯一可以直接识别和执行的语言。指令用二进制编码表示。

汇编语言：用英文单词和缩写来代替二进制的指令代码。

高级语言（C、C++等）：方便程序设计人员写出解决问题的处理方案和解题过程的程序。

我们编写的高级语言需要被编译程序或解释程序翻译成汇编语言或机器语言。

编译程序：一次性将高级语言翻译成机器语言程序，如整体翻译（编译语言：C、C++）。

解释程序：一句一句将高级语言翻译成机器语言程序，如同声传译（解释语言：JavaScript、Python、Shell）。

4. 计算机的工作原理

计算机的工作过程包括三个步骤。

1）把程序和数据装入主存储器。

2）从源程序到可执行文件。

C语言程序从源代码到可执行文件的整个编译过程，包括预处理、编译、汇编和链接四个阶段。以 UNIX 系统中的 GCC 编译器程序为例，读取源程序文件 hello. c，并把它翻译成一个可执行目标文件 hello，整个翻译过程可分为四个阶段完成，如图 1 - 1 - 7 所示。

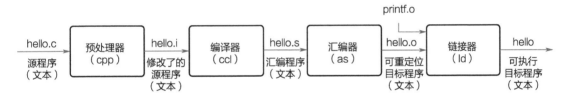

图 1 - 1 - 7　从源程序到可执行文件

预处理阶段：预处理器（cpp）对源程序中以字符#开头的命令进行处理。例如，将#include 命令后面的 . h 文件内容插入程序文件。输出结果是一个以 . i 为扩展名的源文件 hello. i。

编译阶段：编译器（ccl）对预处理后的源程序进行编译，生成一个汇编语言源程序 hello. s。汇编语言源程序中的每条语句都以一种文本格式描述了一条低级机器语言指令。

汇编阶段：汇编器（as）将 hello. s 翻译成机器语言指令，把这些指令打包成一个称为可重定位目标文件的 hello. o。它是一种二进制文件，因此在文本编辑器中打开它时会显示乱码。

链接阶段：链接器（ld）将多个可重定位目标文件和标准库函数合并为一个可执行自然文件，或简称可执行文件。本例中，链接器将源文件 hello. o 和包含 printf 函数的标准库目标文件 printf. o 合并，生成可执行文件 hello。最终生成的可执行文件会被保存在存储工具（例如磁盘）上。

3）从可执行文件的首地址开始逐条执行指令。

程序中第一条指令的地址置于 PC 中，根据 PC 取出第一条指令，经过译码、执行步骤等，控制计算机各功能部件协同运行，完成这条指令的功能，并计算下一条指令的地址。用新得到的指令地址继续读出第二条指令并执行，直到程序结束为止。下面以取数指令（即将指令地址码指示的存储单元中的操作数取出后送至运算器的 ACC 中）为例进行说明，其信息流程如下。

①取指令：PC→MAR→M→MDR→IR。

根据 PC 取指令到 R。将 PC 的内容送 MAR，MAR 中的内容直接送地址线，同时控制器将读信号送读/写信号线，主存根据地址线上的地址和读信号，从指定存储单元读出指令，送到数据线上，MDR 从数据线接收指令信息，并传送到 IR 中。

②分析指令：OP（IR)→CU。

指令译码并送出控制信号。控制器根据 IR 中指令的操作码，生成相应的控制信号，送到不同的执行部件。在本例中，IR 中是取数指令，因此读控制信号被送到总线的控制线上。

③执行指令：Ad（IR)→MAR→M→MDR→ACC。

取数操作。将 R 中指令的地址码送 MAR，MAR 中的内容发送地址线，同时控制器将读信号送读/写信号线，从主存指定存储单元读出操作数，并通过数据线送至 MDR，再传送到 ACC 中。

上述专有缩略语说明如下。

PC：程序计数器。

ACC：运算器的累加器。

MAR：存储器地址寄存器。

M：锁定要写入的数据的地址。

ALU：算术逻辑单元。

MDR：存储器数据寄存器。

IR：指令寄存器。

OP：操作码。

CU：控制单元。

AD（RI）：专有指令。

此外，每取完一条指令，还需要为取下一条指令做准备，形成下一条指令的地址，即（PC）+1→PC。

二、计算机体系结构

经典的关于"计算机体系结构（computer architecture）"的定义是 1964 年 C. M. Amdahl 在介绍 IBM360 系统时提出的，其具体描述为"计算机体系结构是程序员所看到的计算机的属性，即概念性结构与功能特性"。经典计算机体系结构概念的实质是计算机系统中软硬件界面的确定，其界面之上的是软件的功能，界面之下的是硬件和固件的功能，如图1-1-8所示。

广义（现代）的计算机体系结构的概念，除了包括经典的计算机体系结构的概念范畴（指令集结构），还包括计算机组成和计算机实现的内容。

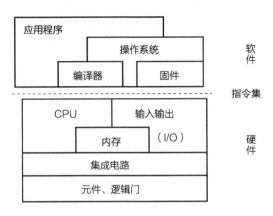

图1-1-8　计算机体系结构

计算机体系结构就是指适当组织在一起的一系列系统元素的集合，这些系统元素相互配合、相互协作，通过对信息的处理而完成预先定义的目标。

它通常包含的系统元素有：软件、硬件、人员、数据库、文档和过程。

1）软件是程序、数据结构和相关文档的集合，用于实现所需要的逻辑方法、过程或控制逻辑。

2）硬件主要包括构成计算机系统的物理组件，如中央处理器、内存和存储设备。此外，计算机还可以连接外围设备，如传感器、电动机，以实现对外部世界的监测和控制。

3）人员是硬件和软件的用户和操作者。

4）数据库是通过软件访问的大型的、有组织的信息集合。

5）文档是描述系统使用方法的手册、表格、图形及其他描述性信息。

6）过程是一系列步骤，它们定义了每个系统元素的特定使用方法或系统驻留的过程性语境。

三、汽车计算机

1. 汽车计算机概念

汽车计算机（即车载计算机），也叫车载电脑，是专为汽车的特定运行环境和电气线路特性设计，具备耐高温、防尘和抗振动的特点，并能与汽车电子电路相融合的专用汽车信息化产品，是一种高度集成化的车用多媒体娱乐信息中心。

2. 汽车计算机特点

汽车计算机是集计算机多媒体技术、移动通信技术、GPS 技术和网络技术等高新技术于一体，面向汽车行业，功能强、体积小、可靠性高的移动计算机系统。

它具有集成度高、兼容性强、结构灵活的优点，便于剪裁和升级是其必备功能。性能完备、结构紧凑、性价比优异、工作可靠、运行稳定、使用安全、操作简便是它的特点。

3. 汽车计算机功能

汽车计算机能实现所有家用计算机功能，支持车内上网、影音娱乐、卫星定位、语音导航、游戏、电话等功能，同时也能实现可视倒车，故障检测等特定功能。它的主要功能包括车载全能多媒体娱乐，GPS 卫星导航，对汽车信息加以收集，实现汽车故障专业诊断，移动性的办公与行业应用。

（1）车内上网

网络的快速发展已经改变了人们的工作和生活模式，网络应用无所不在。所以基于 Internet 的应用（信息搜索、电子商务、网上银行、进销存管理、网络通信、车辆定位等）和网络在线娱乐（在线音乐、网络游戏、电影、电视）已经成为人们生活的一部分。

汽车计算机可以通过内置的移动通信模块（如 4G LTE 模块）连接到移动网络，使用 SIM 卡获取数据服务，实现上网功能。一些汽车计算机设备支持连接到车辆内部的 WiFi 热点和连接到外部 Wi-Fi 网络，或者通过移动热点功能使用手机作为网络源。某些汽车计算机系统支持通过蓝牙连接到外部设备（如智能手机），并共享其数据连接。部分汽车计算机设备支持通过有线连接方式（如 Ethernet 或 USB 连接）连接到外部网络设备。此外，在一些偏远地区或没有移动网络覆盖的地方，汽车计算机可以通过卫星通信设备连接到卫星网络，实现上网功能。

（2）车内办公

汽车计算机可以使汽车成为移动办公室。具备强大的文字处理功能，用户可在车上随时处理文件，并可编辑和收发邮件。

（3）GPS 导航

汽车计算机有路线引导、语音方向引导、地图资料搜寻和轨迹信息自动记录等功能。另外，汽车计算机上可以装多个导航地图随时切换，它不仅可以实现简单的静态 GPS 导航功能，而且可扩展实现通信 GPS 功能和实时定位功能。

（4）影音娱乐

车载计算机具有音频播放、视频播放、导航功能、蓝牙连接、手机投屏、语音识别、网络连接以及游戏软件等影音娱乐功能。

（5）移动通信

包括车联网连接、语音通话、数据传输、远程控制、车载 Wi-Fi、紧急救援等功能。

（6）行驶信息记录

汽车计算机具有最佳行车路径计算、轨迹记录和回放等功能，包括航迹及摄像头记录的信息。可为交通事故后分清各方责任提供依据。

（7）倒车后视

有了汽车计算机，可以实现倒车后视。只需换入倒档，车后超广角全彩画面就会自动显示，再加上夜视功能和参考线，即使在夜间，新手也能以专业水准进行倒车。

（8）汽车故障检测

一根 USB 的 VAG 线可以轻松实现汽车计算机和 ECU 的连接通信，可以扫描汽车的故障码。可以在第一时间了解车辆的健康状况，同时可以把车内的表盘信息通过显示屏上的模拟表盘显示出来。

4. 汽车计算机的产生和发展历史

20 世纪 90 年代初国外提出了智能交通系统（即 ITS）的概念，智能车辆（IV）是智能交通系统的重要组成部分。智能车辆技术包含了计算机、移动通信、自动控制等使车辆更具舒适性、娱乐性、安全性、方便性的多项技术，而基于 PC 平台的汽车信息化是实现智能车辆技术的基础和必要条件。汽车计算机的发展史如图 1-1-9 所示。

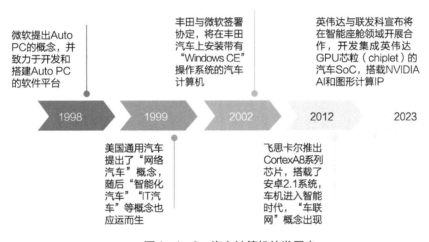

图 1-1-9 汽车计算机的发展史

任务小结

1. 计算机系统由"硬件"和"软件"组成。衡量一台计算机性能的优劣是根据多项技术指标综合确定的，既包括硬件的各种性能指标，又包括软件的各种功能。

2. 计算机由运算器、存储器、控制器、输入设备和输出设备五大部分组成。

3. 计算机系统层次结构从下到上由微程序机器、传统机器、操作系统机器、汇编语言机器、高级语言机器五层组成，微程序机器和传统机器是物理机，其他是虚拟机。

4. 计算机语言分成机器语言、汇编语言、高级语言三大类。

5. 计算机体系结构是指那些能够被程序员看到的计算机的属性，即概念性结构与功能特性。

6. 计算机的工作过程包括把程序和数据装入主存储器、将源程序转换成可执行文件、从可执行文件的首地址开始逐条执行指令三个步骤。

7. 汽车计算机是专门针对汽车特殊运行环境及电器电路特点开发的具有抗高温、抗尘、抗振功能并能与汽车电子电路相融合的专用汽车信息化产品，一种高度集成化的车用多媒体娱乐信息中心。

8. 汽车计算机功能：车载全能多媒体娱乐，GPS 卫星导航，对汽车信息加以收集，实现汽车故障专业诊断，移动性的办公与行业应用。

学习任务二
汽车计算机的发展趋势

任务描述

随着汽车的智能化和自动化程度的提高，对计算能力的需求也越来越高。未来的汽车计算机主板将趋向于使用更高性能的中央处理器和图形处理器（GPU），以实现更复杂的计算任务和算法，如人工智能、机器学习和计算机视觉等。本任务通过介绍主流车载计算基础平台、嵌入式系统的特点、结构，以及常见微控制器的区别，帮助读者全面了解智能网联汽车计算机的应用现状和未来发展趋势。

学习目标

知识目标

1. 归纳智能网联汽车计算机的概念、结构与特点。
2. 说出目前主流汽车计算机硬件架构与操作系统的名称。
3. 描述嵌入式系统在汽车计算机上的作用。
4. 描述嵌入系统的特点和组成。
5. 说出 51 单片机、ARM、STM32 的异同点。

素养目标

注重学思结合、知行统一，在实践中"敢闯会创"，增强勇于探索的创新精神、善于解决问题的实践能力，增强创新精神、创造意识和创业能力。

知识准备

一、智能网联汽车计算机

1. 智能网联汽车计算机概念

当今汽车上多达数以百计的 ECU（电子控制单元），MCU（微控制处理器单元）及其上面运行着的大量嵌入式软件代码，以及复杂的 CAN、FlexRay 等整车通信网络，这些技术推进汽车的电子电气架构正不断向智能化和提升用户体验的方向发展。

随着汽车智能化、网联化水平不断深入，汽车电子底层硬件不再是由实现单一功能的单一芯片提供简单的逻辑计算，而是需要提供更为强大的算力支持；软件也不再是基于某一固定硬件开发，而是要具备可移植、可迭代和可拓展等特性。

整车电子电气架构的发展被分为了6个阶段：模块化阶段、功能整合阶段、中央域控制器集中阶段、跨域融合阶段、汽车计算机阶段、汽车云计算阶段，如图1-2-1所示。

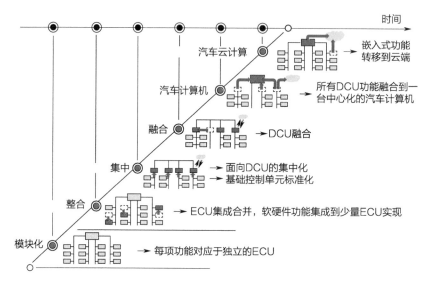

图1-2-1 整车电子电气架构演进趋势

在汽车"新四化（电动化、网联化、智能化、共享化）"的背景下，汽车电子的产业链和技术链面临重构，车载计算基础平台是智能网联汽车最重要的新增汽车零部件。车载计算平台是支撑智能网联汽车实现驾驶自动化功能的软硬件一体化平台，包括芯片、模组、接口等硬件以及系统软件、功能软件等软件，以适应传统电子控制单元向异构高性能处理器转变的趋势。它也被称为车载智能计算基础平台，如图1-2-2所示。

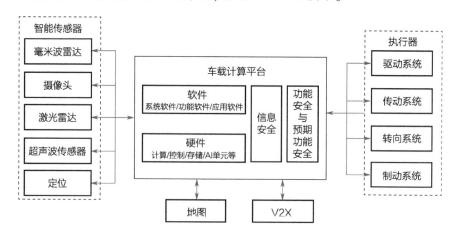

图1-2-2 车载智能计算基础平台

车辆功能的智能化、车内处理器的中心化以及平台的软件化共同推动了计算基础平台的发展。这不仅为应用开发提供了强大的支持，而且促进了5G、大数据分析、云计算和信息安全等互联网产业的发展。

车载智能计算基础平台侧重于系统可靠、运行实时、分布弹性、高算力等特点，实现感知、规划、控制、网联、云控等功能，最终完成安全、实时、可扩展的多等级自动驾驶核心功能。

2. 车载智能计算基础平台架构

车载智能计算基础平台主要包含操作系统和硬件架构两部分，结合车辆平台和传感器等外围硬件，同时采用车内传统网络和新型高速网络（如以太网、高速CAN总线等），装载运行自动驾驶操作系统的系统软件和功能软件，向上支撑应用软件开发。

车载智能计算基础平台的四个层次如图1-2-3所示。

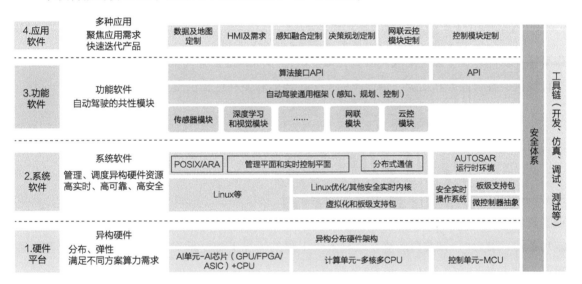

图1-2-3 车载智能计算基础平台架构

3. 主流车载计算基础平台

主流车载计算基础平台请扫描二维码查看。

主流车载计算
基础平台

二、汽车计算机与嵌入式系统的关系

1. 嵌入式系统在汽车计算机中的作用

嵌入式系统在汽车计算机中扮演着重要的角色，是构成汽车计算机的核心组成部分之一。以下是嵌入式系统在汽车计算机中实现的功能。

硬件平台：嵌入式系统提供了汽车计算机的硬件平台。它包括处理器、存储器、输入输出接口等组件，用于执行各种计算任务和控制车辆的各个系统和功能。嵌入式系统的硬件平台需要具备低功耗、高性能和可靠性等特点，以满足汽车环境的需求。

实时操作系统（RTOS）：嵌入式系统通常使用实时操作系统来管理任务调度和资源分配。在汽车计算机中，实时操作系统负责协调和执行各种任务，包括车辆控制、传感器数据处理、通信和网络管理等。实时操作系统确保任务按时完成，满足汽车对实时性的要求。

软件开发：嵌入式系统需要编写软件来实现各种功能和算法。在汽车计算机中，嵌入式系统的软件开发涉及车辆控制、驾驶辅助系统、信息娱乐和通信等方面。开发人员使用嵌入式编程语言和开发工具来编写、测试和调试软件，以实现汽车计算机的各项功能。

系统集成和测试：嵌入式系统需要与其他汽车系统进行集成，包括传感器、执行器、通信模块等。系统集成涉及硬件连接、软件接口和数据交换等方面。同时，嵌入式系统也需要进行系统测试和验证，以确保其稳定性、可靠性和安全性。

故障诊断和维护：嵌入式系统在汽车计算机中还扮演着故障诊断和维护的角色。它可以监测和记录车辆系统的状态和故障信息，并提供诊断报告和故障码。故障诊断工程师可以通过嵌入式系统的数据和接口来进行故障排查和维修。

综上所述，嵌入式系统在汽车计算机中起着重要的作用，它们提供了硬件平台、实时操作系统、软件开发、系统集成和测试，以及故障诊断和维护等功能。它们协同工作，实现汽车计算机的各项任务和功能，为汽车的安全、性能和便利性提供支持。

2. 嵌入式系统的概述

（1）嵌入式系统的定义

关于嵌入式系统（Embedded System）的定义很多，IEEE（Institute of Electrical and Electronics Engineers，美国电气电子工程师学会）对嵌入式系统的定义为"用于控制、监视或者辅助设备、机器和车间运行的装置"。此定义强调嵌入式系统的应用目的：一种完成特定功能的"装置"，该装置能够在没有人工干预的情况下独立地对控制对象进行实时监测和控制。

从技术角度定义，也是国内较权威的定义是：嵌入式系统是以应用为中心，以现代计算机技术为基础，能够根据用户需求（功能、可靠性、成本、体积、功耗、环境等）灵活裁剪软硬件模块的专用计算机系统。

嵌入式系统是相对桌面系统来讲的，凡是带有微处理器的专用软硬件系统都可以称为嵌入式系统。

（2）嵌入式系统的特点

嵌入式系统是将先进的计算机技术、半导体技术、电子技术与各个行业的具体应用相结合后的产物。这些特点决定了嵌入式系统是技术密集、资金密集、高度分散、不断创新的知识集成系统。嵌入式系统是针对特定应用需求而设计的专用计算机系统，它的特点主要包括5个，如图1-2-4所示。

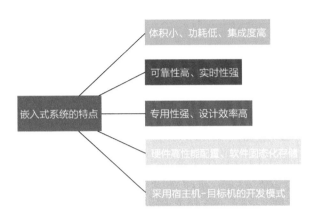

图1-2-4　嵌入式系统的特点

（3）嵌入式系统的组成

嵌入式系统由硬件与软件两部分组成，如图1-2-5所示。

它的硬件包含嵌入式微处理器、外围设备等。

它的软件包含具体的业务应用程序以及操作系统等。其中，简单应用的嵌入式系统没有操作系统，因为它们的功能都比较简单，并不需要多任务调度、文件系统、内存管理等复杂功能，只需要通过汇编语言直接对系统（非操作系统，是将产品提供的应用看成一个系统）进行控制。例如，我们常见的公交刷卡机，家里的微波炉、冰箱等。

图1-2-5　嵌入式系统的组成

3. 51 单片机、ARM、STM32 的区别与联系

（1）51 单片机、ARM、STM32 的简要介绍

51 单片机、ARM 和 STM32 是嵌入式系统和微控制器领域中常见的概念，下面对它们进行简要介绍。

1）51 单片机（8051 单片机）。51 单片机是一种非常常见和广泛使用的 8 位微控制器，如图 1-2-6 所示，其核心是 Intel 公司开发的 8051 架构。它是早期嵌入式系统中最流行的单片机之一。51 单片机具有低成本、低

图1-2-6　单片机

功耗和可靠性高的特点，广泛应用于各种领域，如家电、电子设备、工控系统等。它通常使用汇编语言或 C 语言进行编程。

2）ARM。ARM（Advanced RISC Machines）是一种精简指令集计算机（RISC）架构，最初由英国的 ARM Holdings 公司开发。ARM 架构以其低功耗、高性能和可扩展性而闻名，广泛应用于移动设备、嵌入式系统和消费类电子产品等领域。ARM 架构有不同的系列，如 Cortex-M 系列（面向嵌入式系统）、Cortex-A 系列（面向应用处理器）和 Cortex-R 系列（面向实时处理器）等。ARM 架构的芯片通常由第三方公司（如 STMicroelectronics、NXP 等）制造。

3）STM32。STM32 是意法半导体（STMicroelectronics）公司推出的一系列基于 ARM Cortex-M 内核的 32 位微控制器产品，如图 1 - 2 - 7 所示。STM32 可以看作是 ARM 架构在微控制器领域的具体实现之一。STM32 系列微控制器具有高性能、低功耗和丰富的外设功能，广泛应用于工业控制、消费电子、汽车电子等领域。STM32 系列提供了多种型号和规格的微控制器，可以满足不同应用的需求。开发者可以使用 C 语言或其他支持的编程语言来开发和编程 STM32 微控制器。

图 1 - 2 - 7　STM32

（2）51 单片机、ARM、STM32 的异同点

51 单片机、ARM 和 STM32 是三种不同的处理器架构，具有不同的特点和用途。下面是它们之间的异同点。

1）架构。

a. 51 单片机。51 单片机是一种经典的 8 位单片机架构，以英特尔（Intel）推出的 8051 系列为代表。它具有简单的指令集和较低的性能，适用于简单的嵌入式应用。

b. ARM。ARM 是一种广泛应用于嵌入式系统和移动设备的处理器架构。它具有较高的性能、较低的功耗和良好的可扩展性，支持 32 位和 64 位处理器。ARM 处理器被广泛用于各种应用领域，包括嵌入式系统、智能手机、平板电脑等。

c. STM32。STM32 是 ST 公司推出的基于 ARM Cortex-M 内核的微控制器系列。它是 ARM 架构的一种实现，具有低功耗、高性能和丰富的外设接口，广泛应用于嵌入式系统和汽车电子领域。

2）性能和功耗。

a. 51 单片机。51 单片机是 8 位架构，具有较低的性能和功耗。它适用于一些简单的控制任务和低要求的嵌入式应用。

b. ARM 和 STM32。ARM 架构和 STM32 微控制器具有更高的性能和较低的功耗。它们提供了更强大的处理能力和丰富的外设接口，适用于复杂的嵌入式应用和高要求的系统设计。

3）生态系统和开发工具。

a. 51 单片机。由于 51 单片机是经典的架构，有很多成熟的开发工具和丰富的生态系统支持。开发者可以轻松获取各种软件和硬件资源，并利用丰富的经验和文档进行开发。

b. ARM 和 STM32。ARM 架构和 STM32 微控制器具有广泛的生态系统和丰富的开发工具支持。有许多开发工具链、操作系统和第三方库可供选择，以满足不同开发需求。

总体而言，51 单片机、ARM 和 STM32 具有不同的架构、性能和用途。51 单片机适用于简单的嵌入式应用，而 ARM 和 STM32 则具有更高的性能和更丰富的功能，适用于复杂嵌入式系统和高要求的应用场景。选择适合的处理器架构需要根据具体的应用需求、性能要求和开发资源来决定。

无论是 51 单片机、ARM 还是 STM32，都支持 C 语言编程。

4. 嵌入式系统主板在汽车领域中的发展趋势

在汽车计算机领域，传统的 51 单片机逐渐被更强大和功能丰富的处理器架构取代，如 ARM 和 STM32。以下是关于它们的发展趋势。

1）ARM 架构。ARM 架构是一种广泛应用于嵌入式系统的处理器架构，包括了广泛的处理器系列，如 ARM Cortex-M、Cortex-R 和 Cortex-A 系列。ARM 处理器具有低功耗、高性能和良好的可扩展性，适用于不同层次的汽车计算需求。随着汽车技术的发展，ARM 架构的处理器在汽车计算机中得到了广泛应用。

2）STM32 微控制器。STM32 是 ST 公司推出的一系列基于 ARM Cortex-M 内核的微控制器。STM32 微控制器具有低功耗、高性能和丰富的外设接口，适用于嵌入式系统和汽车应用。随着对汽车计算能力需求的增加，STM32 微控制器在汽车计算机主板中的应用也逐渐增多。

总体而言，汽车计算机主板的发展趋势是从传统的 51 单片机转向更强大和功能丰富的处理器架构，如 ARM 和 STM32。这些处理器提供了更高性能、更低功耗、更好的可扩展性和丰富的外设接口，可以满足日益增长的汽车计算能力需求。随着智能化和自动化技术的不断发展，这些处理器在汽车计算机领域的应用将会继续扩大。

任务小结

1. 整车电子电气架构的发展阶段：模块化阶段、功能整合阶段、中央域控制器集中阶段、跨域融合阶段、车载计算机阶段、车载云计算阶段。

2. 车载智能计算基础平台：包括操作系统和硬件架构两部分，结合车辆平台和传感器等外围硬件，同时采用车内传统网络和新型高速网络，装载运行自动驾驶操作系统的系统软件和功能软件，向上支撑应用软件开发。

3. 车载智能计算基础平台硬件：AI 单元、计算单元和控制单元。

4. 车载智能计算基础平台操作系统：系统软件、功能软件。

1）系统软件：嵌入式实时内核系统、虚拟化技术 Hypervisor、可移植操作系统应用程序接口 POSIX/ARA、分布式系统数据分发服务 DDS。

2）功能软件：自动驾驶通用框架模块、网联模块、云控模块、深度学习和视觉模块、传感器模块。

5. 嵌入式系统用于控制、监视或者辅助设备、机器和车间运行的装置。

6. 嵌入式系统是以应用为中心，以现代计算机技术为基础，能够根据用户需求灵活裁剪软硬件模块的专用计算机系统。

7. 嵌入式系统的特点：体积小、功耗低、集成度高、可靠性高、实时性强、专用性强、设计效率高、硬件高性能配置、软件固态化存储，以及采用宿主机 – 目标机的开发模式。

8. 嵌入式系统是由硬件与软件两部分组成。

9. 51 单片机、ARM、STM32 的区别与联系。

1）51 单片机采用的是 8 位架构，而 ARM 和 STM32 采用的是 32 位架构。

2）ARM 是一种架构，而 STM32 是基于 ARM Cortex-M 内核的产品系列，STM32 可以看作是 ARM 架构在微控制器领域的具体实现之一。

3）无论是 51 单片机、ARM 还是 STM32，都支持 C 语言编程。

复习题

1. 判断题

（1）计算机体系结构是一门研究计算机硬件结构的学科。 （　　）

（2）主存储器是现代计算机系统的数据传送中心。 （　　）

（3）系统软件是指管理、控制和维护计算机系统资源的程序集合。 （　　）

（4）嵌入式系统是构成汽车计算机的核心组成部分之一。 （　　）

（5）目前的计算机，从原理上讲，指令以二进制形式存放，数据以十进制形式存放。（　）

（6）51 单片机是一种 64 位微控制器。 （　　）

（7）汽车计算机通常不配备操作系统，只配备硬件系统。 （　　）

（8）STM32 是意法半导体公司推出的一系列基于 ARM Cortex-M 内核的 32 位微控制器产品。 （　　）

（9）目前，汽车计算机只能通过无线 WiFi 进行上网。 （　　）

（10）汽车计算机有路线引导、语音方向引导、地图资料搜寻和轨迹信息自动记录等功能。 （　　）

2. 选择题

（1）冯·诺依曼机的基本原理是（　　　）。

　　A. 程序外接　　　　B. 逻辑连接　　　　C. 数据内置　　　　D. 程序存储

（2）存储器是计算机系统的记忆设备，主要用于（　　　）。

　　A. 存放程序　　　　B. 存放软件　　　　C. 存放微程序　　　　D. 存放程序和数据

（3）下面描述汇编语言特性的句子中概念上有错误的句子是（　　　）。

　　A. 对程序员的训练要求来说，需要硬件知识

B. 汇编语言对机器的依赖性高

C. 用汇编语言编制程序的难度比高级语言小

D. 汇编语言编写的程序执行速度比高级语言快

(4) 下列（　　）属于应用软件。

　　A. 操作系统　　　　B. 编译系统　　　　C. 连接程序　　　　D. 文本处理

(5) 计算机软件系统应包括（　　）。

　　A. 编辑软件和连接软件　　　　　　B. 数据库软件和管理软件

　　C. 程序和数据　　　　　　　　　　D. 系统软件和应用软件

(6) 汽车计算机的功能包括（　　）。

　　A. 车内上网　　　　B. 车内办公　　　　C. 影音娱乐　　　　D. 汽车故障检测

(7) 汽车计算机是应用的技术有（　　）。

　　A. 计算机多媒体技术　　　　　　　B. 移动通信技术

　　C. GPS 技术　　　　　　　　　　　D. 网络技术

(8) 车载智能计算基础平台侧重于（　　）特点。

　　A. 低算力　　　　　B. 分布弹性　　　　C. 系统可靠　　　　D. 运行实时

(9) 车载智能计算基础平台硬件主要包括（　　）。

　　A. 计算单元　　　　B. 控制单元　　　　C. AI 单元　　　　D. 电源模块

(10) 车载智能计算基础平台操作系统系统软件有（　　）。

　　A. 网联模块　　　　　　　　　　　B. 云控模块

　　C. 深度学习和视觉模块　　　　　　D. 分布式系统数据分发服务 DDS

智能网联汽车
计算机基础

项目二
C 语言基础

PROJECT

- 学习任务一　C 语言概述
- 学习任务二　Qt 开发基础与用户界面开发
- 学习任务三　基本的数据与运算
- 学习任务四　顺序结构程序设计
- 学习任务五　选择结构程序设计
- 学习任务六　循环结构程序设计
- 学习任务七　函数

学习任务一
C 语言概述

任务描述

　　一提到语言这个词语，自然会想到的是像英语、汉语等这样的自然语言，因为它是人和人交换信息不可缺少的工具。而今天计算机普及到了我们生活的每一个角落，除了人和人的相互交流之外，我们也必须和计算机交流。用什么样的方式和计算机做最直接的交流呢？人们自然想到的是最古老也是最方便的方式，即语言，而 C 语言就是人和计算机交流的一种语言。自然语言是人和人交流，C 语言是人和机器交流，区别是人可以不听另一个人的意见，但是，计算机是无条件服从指令的。每一门语言都有其独特的语法规则和定义，双方必须遵守这些规则和定义才能实现真正的交流。

　　本任务主要介绍 C 语言的历史、特点、应用，并通过分析简单完整的 C 语言程序，使同学们对 C 程序的结构和运行等有所了解，逐步了解 C 程序的开发、运行的基本步骤以及编写规则，以养成良好的编程风格。

学习目标

知识目标

1. 说出 C 语言的产生过程与发展历程。

2. 描述 C 语言的特点。

3. 执行一次 C 程序的编译与运行。

4. 归纳 C 语言编写规则。

素养目标

1. 培养解决问题和创造新知识的科学素养。

2. 培养和开发学生自信、乐观、希望、韧性等积极的心理品质。

3. 了解计算机语言发展史，以及行业领域的国家战略、法律法规和相关政策，培养严谨治学的素养和为国服务的大局观。

4. 引导学生树立正确的社会主义核心价值观。

知识准备

一、C 语言的发展及特点

1. C 语言的发展

C 语言是一种用途广泛、功能强大、使用灵活的过程性编程语言，既可用于编写应用软件，又能用于编写系统软件，因此 C 语言自问世以来便得到迅速推广。自 20 世纪 90 年代初，C 语言在我国开始推广以来，学习和使用的人越来越多，成为学习和使用人数最多的一种计算机语言，绝大多数理工科大学都开设了 C 语言程序设计课程。掌握 C 语言成为计算机开发人员的一项基本功。C 语言的发展颇为有趣，如图 2－1－1 所示。

图 2－1－1　C 语言的发展

2. C 语言的特点

C 语言发展迅速，已经成为最受欢迎的语言之一，这主要因为它具有强大的功能。许多著名的系统软件，如 Linux 内核，驱动等都是由 C 语言编写的。用 C 语言加上一些汇编语言子程序，就更能显示 C 语言的优势了，像 PC-DOS、WORDSTAR 等就是用这种方法编写的。C 语言具有的主要特点如图 2-1-2 所示。

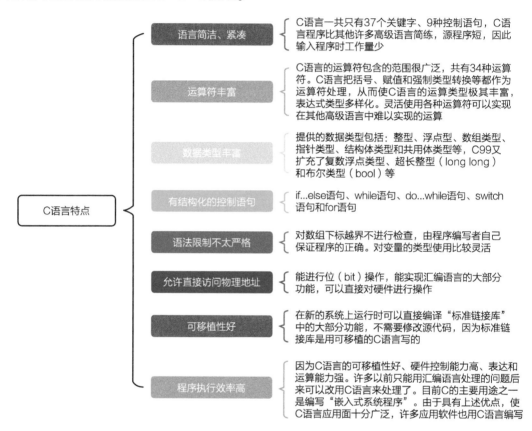

图 2-1-2　C 语言特点

二、C 语言的应用

C 语言是目前世界上使用非常广泛的高级程序设计语言。在 TIOBE 公布的 2021 年 8 月的编程语言排行榜上，C 语言依然保持排行第一，如图 2-1-3 所示。C 语言相当灵活，用于执行几乎所有计算机可以完成的任务，既可以用于编写应用程序，还可用于编写操作系统，伟大的 Windows 和 Linux 操作系统的内核就是使用 C 语言开发的。C 语言包含了基本的编程元素，后来的很多语言（C++、Java 等）都参考了 C 语言，说 C 语言是现代编程语言的开山鼻祖毫不夸张，它改变了编程世界。

目前，大多数汽车应用层软件的功能开发都是基于 C 语言或者 SIMULINK/STATEFLOW，进行模型搭建然后再自动生成代码的。

2021.8	2020.8	涨跌		编程语言	比例	涨跌
1	1		C	C	12.57%	-4.41%
2	3	^		Python	11.86%	+2.17%
3	2	∨		Java	10.43%	-4.00%
4	4		C++	C++	7.36%	+0.52%
5	5		C#	C#	5.14%	+0.46%
6	6		VB	Visual Basic	4.67%	+0.01%
7	7		JS	JavaScript	2.95%	+0.07%
8	9	^	php	PHP	2.19%	-0.05%
9	14	⌃	ASM	Assembly language	2.03%	+0.99%
10	10		SQL	SQL	1.47%	+0.02%

图2-1-3 TIOBE 2021年编程语言排行榜

车机系统（智能车载系统）通常是基于 WinCE、Linux（包括安卓）等平台进行深度开发定制的，开发语言一般使用 C、C++、Java，例如车载 OS/导航/信息娱乐系统的软件开发，如图2-1-4所示。

另外，传统汽车电子软件属于嵌入式软件开发范畴，是在专用计算机系统上进行软件开发，主流的嵌入式平台包含 ARM、DSP、FPGA 等，开发语言主要是汇编/C/C++。例如，传统电控如 ECU、TCU 之类的底层控制模块，通常是基于 C 语言编程实现控制的，如图2-1-5所示。

图2-1-4 特斯拉车机系统

图2-1-5 传统电控 ECU

三、C 语言程序基本结构

一个基本的 C 程序主要包括注释（说明文字）、预处理指令、主函数入口、主函数体四部分。C 程序是由函数构成的，函数是 C 程序的基本单位。一个源程序至少包含一个 main 函数，即主函数，也可以包含一个 main 函数和若干个其他函数。被调用的函数可以是系统提供的库函数，也可以是用户根据需要自己设计编写的函数。

```
/*
*   程序名:book1.c,此程序用于演示 C 程序的基本结构。
*/

//预处理指令,把头文件 stdio.h 包含进来。
#include < stdio.h >     //standard input output

//主函数 main,这里是程序执行的起点。
int main()
{
  //调用 printf 函数在屏幕上输出文字。
  printf("Hello World.\n");

  return 0; //main 函数返回
}
```

(1) 预处理指令

```
#include < stdio.h >     //standard input output
```

这一行是（编译）预处理指令，告诉 C 语言编译器在编译之前要包含 stdio. h 文件，程序中使用了 printf 函数，如果不包含它的头文件，编译时会出现警告或报错。

(2) 主函数入口

```
int main()    //主函数 main,这里是程序执行的起点。
```

main 是主函数，程序从这里开始执行。在同一程序中，main 函数只能有一个。一个 C 程序总是从 main 函数开始执行，不管 main 函数在程序中的位置如何。可以将 main 函数放在整个程序的最前面，也可以放在整个程序的最后，或者放在其他函数之间。

(3) 主函数体

```
printf("Hello World.\n");
```

```
return 0; //main 函数返回
```

主函数体的代码在一对花括号中，本程序的主函数体有两行代码。

第一行代码调用了 printf 函数，printf 函数的功能是把内容输出到屏幕，这里是输出一行文字，文字结尾的 \ n 表示换行，多个 \ n 就可以输出多个换行。

第二行代码 return 0; 表示主函数返回，程序退出。

注意，main 函数体中的空行和每行代码前面的空格是为了提高程序的可读性，对程序的功能没有任何影响。

（4）程序的注释

```
/*
 *   程序名:book1.c,此程序用于演示 C 程序的基本结构。
 */
//预处理指令,把头文件 stdio.h 包含进来。
//standard input output
//主函数 main,这里是程序执行的起点。
//调用 printf 函数在屏幕上输出文字。
//main 函数返回
```

以上是 C 程序的注释（说明文字），注释的目的是提高程序的可读性，是给程序员看的，不是给计算机看的，编译器编译程序时将忽略它。

/* */用于注释多行文字，/* 是开始，*/是结束。

// 用于注释一行文字，可以独占一行，也可以放在代码的后面。

四、C 程序的运行

计算机不能直接识别和执行用高级语言编写的指令，必须用编译程序把 C 源程序翻译成二进制形式的目标程序，然后再将该目标程序与系统的函数库以及其他目标程序连接起来，形成可执行的目标程序。

用 C 语言编写的程序是源程序。在编写好一个 C 源程序后，一般要经过以下几个步骤进行编译和运行。以下介绍在 Windows 操作系统下运行 C 程序的步骤和方法。

（1）上机输入和编辑源程序

通过键盘向计算机输入程序，如发现有错误，要及时改正。最后将此源程序以文件形式存放在自己指定的文件夹内，文件用 .c 作为后缀，生成源程序文件，如 f.c。

（2）对源程序进行编译

1）预编译。用 C 编译系统提供的"预处理器"（又称为"预处理程序"或"预编译器"）对程序中的预处理指令进行预编译处理。例如，对于 #include < stdio.h > 指令来说，就是将 stdio.h 头文件的内容读进来，取代 #include < stdio.h > 行。由预处理得到的信息与程序其他部分一起组成一个完整的、可以用来正式编译的源程序，然后由编译系统对该源程序进行编译。

2）正式编译。对源程序进行检查，判定它有无语法方面的错误。如有，则发出"出错信息"，告诉编译人员认真检查改正。修改程序后重新进行编译，如果还有错，再发出"出错信息"。如此反复进行，直到没有语法错误为止。这时，编译程序自动把源程序转换为二进制形式的目标程序（后缀为 .obj）。

（3）进行链接处理

经过编译所得到的二进制目标文件（后缀为 .obj）还不能供计算机直接执行。一个程序可能包含若干个源程序文件，而编译是以源程序文件为对象的，一次编译只能得到与一个源程序文件相对应的目标文件，它只是整个程序的一部分，必须把所有编译后得到的目标模块链接装配起来，再与函数库相链接成一个整体，生成一个可供计算机执行的目标程序，称为可执行程序，在 Visual C++ 中其后缀为 .exe，如 f. exe。

即使一个程序只包含一个源程序文件，编译后得到的目标程序也不能直接运行，也要经过链接阶段，因为要与函数库进行链接，才能生成可执行程序。

上述链接工作是由一个称为"链接编辑程序"的软件来实现的。

（4）运行可执行程序，得到运行结果

以上过程如图 2-1-6 所示，其中实线表示操作流程，虚线表示文件的输入输出。例如，编辑后得到一个源程序文件 .c，然后在进行编译时再将源程序文件 f. c 输入，经过编译得到目标程序文件 f. obj，再将所有目标模板输入计算机，与系统提供的库函数等进行链接，得到可执行的目标程序 f. exe，最后把 f. exe 输入计算机，并使之运行得到结果。

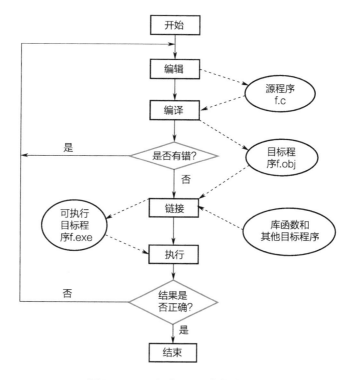

图 2-1-6 运行 C 程序的流程图

五、C 语言程序的书写规则

从书写清晰，便于阅读、理解、维护的角度出发，养成良好的编程风格，在书写 C 程序时应遵循以下规则，如图 2-1-7 所示。

1）在 C 语言中，虽然一行可写多个语句，一个语句也可占多行，但是为了便于阅读，建议一个说明或一个语句占一行，例如：包含头文件、一个可执行语句结束都需要换行。

2）函数体内的语句要有明显缩进，通常以按一下 Tab 键为一个缩进。

3）括号要成对写，如果需要删除的话也要成对删除。

4）当一句可执行语句结束的时候末尾需要有分号。

5）代码中所有符号均为英文半角符号。

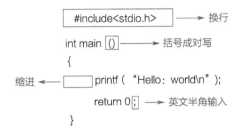

图 2 - 1 - 7　C 语言程序的书写规则示例

任务小结

1. C 语言定义与特点

1）定义：C 语言是一种通用的高级语言，最初是由 Dennis. M. Ritchie 在贝尔实验室为开发 UNIX 操作系统而设计的。

2）C 语言特点：语言简洁、紧凑，使用方便、灵活；运算符丰富；数据类型丰富，具有结构化的控制语句；语法限制不太严格，程序设计自由度大；允许直接访问物理地址；移植性好；生成目标代码质量高，程序执行效率高。

2. C 语言基本语法

1）一个基本的 C 程序主要包括注释（说明文字）、预处理指令、主函数入口、主函数体四部分。

2）/**/ 多行注释。

3）// 单行注释。

4）#include 包含其他文件的预处理指令。

5）main 程序执行的起点。

6）{} 函数体、语句块的开始和结束。

7）() 函数的参数放在括号中。

8）"" 字符串放在双引号中。

9）\n 换行符。

10）; 分号，一行代码的结束。

11）C 语言的语法约定是规则，不可改变，必须遵守。

12）C 语言严格区分大小写。

13）中文的全角标点符号 C 语言无法识别，编译时会报错。

14）如果某行代码只有分号";"，表示此为空语句，不执行任何操作。

学习任务二
Qt 开发基础与用户界面开发

任务描述

　　人机交互界面在汽车控制系统中起着重要的作用，它是驾驶员与汽车系统之间的接口，用于实现信息交流、指令输入和反馈显示。合理的人机交互界面设计可以提高驾驶员对车辆信息的理解和操作的便捷性，从而提升驾驶体验和安全性。那么，这样的人机交互界面应该如何开发呢？

　　本文主要讲解 Qt 开发和用户界面开发的基础知识，在此基础上采用开放源代码的图形界面库 Qt 开发用户界面，使同学们对使用 Qt Creator 开发 Qt C＋＋ 应用程序建立初步的了解。

学习目标

知识目标

1. 说出 Qt 的功能特性，开发工具及窗口组件的名称。
2. 描述 Qt Creator 创建应用程序的基本过程。
3. 说出用户界面、图像用户界面、人机界面的概念。
4. 列举 Qt 窗口组件。

素养目标

1. 培养解决问题和创造新知识的科学素养。
2. 培养和开发学生自信、乐观、希望、韧性等积极的心理品质。
3. 通过理实教学中的团队配合完成实训任务，培养学生团结协作精神，学会在竞争环境中的团队合作，为集体争光的责任和担当。

知识准备

一、Qt 开发基础

1. Qt 简介

Qt 是一个跨平台的 C＋＋ 图形用户界面库，由挪威 TrollTech 公司出品，目前包括

Qt Creator，Qt Embedded，Qt Designer 快速开发工具，Qt Linguist 国际化工具等部分，Qt 支持所有 Linux/UNIX 系统，还支持 Windows 平台。

2. Qt 优点

Qt 是一个跨平台的 C++ 图形用户界面应用程序框架，提供给应用程序开发者建立艺术级的图形用户界面所需的所用功能。Qt 很容易扩展，并且允许真正的组件编程。Qt 与 GTK、KDE、MFC、OWL、VCL、ATL 是一样的图形界面库。Qt 的优点如下。

1）优良的跨平台特性。Qt 支持下列操作系统：Microsoft Windows，Linux，Solaris，SunOS，HP-UX，Digital UNIX（OSF/1，Tru64），Irix，FreeBSD，BSD/OS，SCO，AIX，OS390，QNX 等等。

2）面向对象。Qt 的良好封装机制使得 Qt 的模块化程度非常高，可重用性较好，对于用户开发新系统来说非常方便。Qt 提供了一种称为 signals/slots 的安全类型来替代 callback，使得各个元件之间的协同工作变得十分简单。

3）丰富的 API。Qt 包括多达 250 个以上的 C++ 类，还提供基于模板的 collections，serialization，file，I/O device，directory management，date/time 类。

4）支持 2D/3D 图形渲染，支持 OpenGL。

5）大量的开发文档。

6）XML 支持。

3. Qt 开发工具

Qt 开发工具包含 Qt Creator、Qt Designer、Qt Linguist、Qt Assistant、Qmake。

（1）Qt Creator

Qt Creator 是用于 Qt 开发的轻量级跨平台集成开发环境，可单独使用，也可与 Qt 库和开发工具组成一套完整的 SDK。

（2）Qt Designer

Qt Designer 是强大的拖曳式图形化用户界面排版和设计工具。

Qt Designer 的功能如下。

1）支持表单和对话框的创建，可即时预览。

2）与 Qt 版面系统集成。

3）宏大的标准 widgets 集。

4）支持客户定制的 widgets 和对话框。

5）与 Microsoft Visual Studio．NET 无缝集成。

Qt Designer 的优势如下。

1）大大加快了界面的设计过程。

2）支持所有平台上的本地外观感觉。

3）开发者能在自行选择的工作环境内充分发挥其现有技能。

（3）Qt Linguist

Qt Linguist 一整套工具，支持对 Qt 应用进行快捷无误的翻译，是一组能理顺国际化工作流的工具。

Qt Linguist 的功能如下。

1）采集所有的用户界面文本，并以一个简洁的窗口将其展现给人工译者。

2）支持所有语言。

3）从单一应用的二进制程序内部提供同时多语言支持及同时多写入系统。

Qt Linguist 的优势如下。

1）大大加快了翻译/本地化进程。

2）与 Qt 的语言敏感排版引擎协同，可以创建与语言不相关的简洁一致的界面。

3）轻松应对国际市场。

（4）Qt Assistant

Qt Assistant 是可定制、可重发布的帮助文件和文档阅读器。

Qt Assistant 的功能如下。

1）简单明快、类似 web 浏览器的导航、书签和文档文件连接。

2）支持富文本 HTML。

3）全文本关键词查阅。

4）可定制并随 Qt 供应。

Qt Assistant 的优势如下。

1）无需再从头开始构建帮助系统。

2）充分利用现有的 HTML 技能。

3）以方便搜寻和导航的格式向最终用户提供文档。

（5）Qmake

Qmake 是跨平台 makefile 生成器。

Qmake 的功能如下。

1）读取工程源码，生成依赖关系树，生成平台相关工程和 makefiles。

2）与 Visual Studio 及 Xcode 集成。

Qmake 的优势如下。

1）无需担忧跨平台编译。

2）降低对 makefile 手工构建的需求度。

4. Qt 窗口组件

（1）窗口组件

图形用户界面由不同的窗口和窗口组件构成，< QtGui > 头文件包含窗口组件，对应 Qt

中的 GUI 模块，Qt 以组件对象的方式构建 GUI。

其中，组件的类型包括容器类和功能类两种。容器类（父组件）用于包含其他的界面组件，功能类（子组件）用于实现特定的交互功能。

一个 GUI 包括许多图形组件，其中容器组件就是为了承载别的功能组件，功能组件就是用来提供交互功能的部件，比如在主窗口里面放入一个按钮，在这里主窗口就是一个容器，按钮就是一个具体的功能部件，当实现点击信号与槽函数连接后，就可以用来描述一定的人机交互功能。

窗口包含很多，比如主窗口、对话框等；而标签组件、文本框、按钮组件都属于功能类组件，一般功能组件都是嵌套在窗口中使用的，一般来说窗口部件称为功能组件的父组件。注意：Qt 中没有父组件的顶级组件都叫作窗口。

（2）Qt 间的继承关系

Qt 间的继承关系如图 2-2-1 所示。QObject 和 QPaintDevice 是所有 Qt 类的顶层父类，QObject 类是所有支持 Qt 对象模型的基类，QPaintDevice 类是 Qt 中所有可绘制组件的基类。

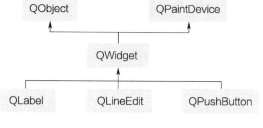

图 2-2-1　Qt 间的继承关系

QWidget 类继承自 QObject 类和 QPaintDevice 类，它是所有组件类的父类，但是它依然可以生成对象，作为顶级组件来使用，就是可以作为其他组件的父组件。最后一层的都属于 QWidget 组件。

（3）QWidget 组件

QWidget 能够绘制自己和处理用户的输入，是 Qt 中所有窗口组件类的父类，是所有窗口组件的抽象，每个窗口组件都是一个 QWidget，QWidget 类对象常用作父组件或顶级组件使用。

（4）QLabel 组件

功能性组件 QLabel 用于显示一个提示性的字符串，一般需要父组件作为容器，QLable 也可以单独作为窗口存在，但没什么意义（因为此时整个窗口全是 QLabel）。

```
QWidgetw;
    QLabel l(&w);//生成 QLabel 对象，让 w 成为其父组件
    l.setText("I'm a label control.");//用于设置提示性字符串
    w.setWindowTitle("Label Test");//设置标题
    w.resize(400,300);
    w.show();
```

只有用父组件来包含其他的功能子组件时，程序才能够构成丰富的图形界面，用特定的组件来生成一个窗口是没什么意义的。

5. Qt 项目文件

下面以 Widget 窗口部件项目为例说明项目文件。新建的工程目录有如下几个文件，QtCreator 软件将它们做了如下分组，包含三个文件夹和一个 .pro 文件，如图 2-2-2 所示。

（1）项目管理文件（.pro 文件）

后缀为 ".pro" 的文件是项目的管理文件，文件名就是项目的名称，.pro 文件的内容如下所示。

图 2-2-2　项目文件

```
QT       + = core gui      //包含的模块
greaterThan(QT_MAJOR_VERSION, 4): QT + = widgets//大于 Qt4 的版本才需要包含 widgets
TARGET = samp2_1       //应用程序名 生成的 .exe 文件名
TEMPLATE = app                //模板类型 应用程序模板
SOURCES + = \          //包含的源文件
        main.cpp \
        widget.cpp
HEADERS + = \          //包含的头文件
        widget.h
FORMS + = \              //包含的 ui 文件
        widget.ui
```

（2）main.cpp 文件

主函数文件，里面包含 main 函数，程序从这里启动，文件的内容如下所示。

```
#include "widget.h"
#include < QApplication >

int main(int argc, char * argv[])
{
    //QApplication 应用程序类 初始化我们的应用程序
    QApplicationa(argc, argv);

    //创建一个窗口控件
    Widget w;

    //显示一个窗口   hide 隐藏窗口
    //窗口默认是隐藏的
    w.show() ;

    //a.exec() 主事件循环(带阻塞 等待用户操作界面)
    return a.exec() ;
```

（3）widget. h 文件

主窗口类的头文件所在，其中包含了一个私有指针 ui，在构造该类对象时将会指向一个和界面 ui 相关的类对象，文件的内容如下所示。

```
#ifndef WIDGET_H
#define WIDGET_H

#include <QWidget>

class Widget : public QWidget
{
    Q_OBJECT//让 Widget 支持信号和槽机制

public：
    Widget(QWidget *parent=0);
    ~Widget();
};

#endif //WIDGET_H
```

（4）widget. cpp 文件

主窗口类的源码文件，主窗口的代码实现所在，文件的内容如下所示。

```
#include "widget.h"

Widget::Widget(QWidget *parent)
    QWidget(parent)//Widget 是调用了 QWidget 下面的构造函数
{
    //界面的设计是在 窗口控件的构造函数中设计

}
Widget::~Widget()
{

}
```

（5）widget. ui 文件

后缀为 ".ui" 的文件是可视化设计的窗体的定义文件，双击该文件将会打开设计页面，该设计页面是集成在 Qt Creator 中的 Qt Designer，可以对窗口进行可视化设计。

二、创建一个 Qt 程序

学习一种编程语言或编程环境，通常会先编写一个"Hello World"程序。我们也用 Qt Creator 编写一个"Hello World"程序，以初步了解 Qt Creator 设计应用程序的基本过程，对使用 Qt Creator 编写 Qt C++应用程序的方法建立初步了解。

1. 新建一个项目

1）单击 Qt Creator 的菜单项文件 -> 新建文件或项目，出现如图 2 - 2 - 3 所示的对话框。在这个对话框里选择需要创建的项目或文件的模板。

图 2 - 2 - 3　新建文件或项目对话框

Qt Creator 可以创建多种项目，在最左侧的列表框中单击"Application"，中间的列表框中列出了可以创建的应用程序模板。

2）在图 2 - 2 - 3 显示的对话框中选择项目类型为 Qt 1Widgets Application 后，单击"Choose…"按钮，出现图 2 - 2 - 4 所示的新建项目向导。

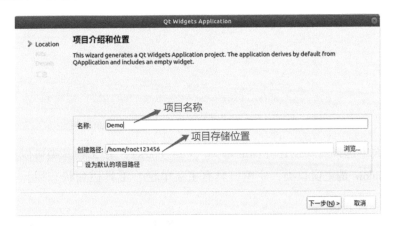

图 2 - 2 - 4　新建项目向导第 1 步：项目名称和项目存储位置设置

3）在图 2 - 2 - 4 中，选择一个目录，如 "/home/root123456"，再设置项目名称为 Demo，这样新建项目后，会在 "/home/root123456" 目录下新建一个目录，项目所有文件保存在该目录下。

4）在图 2 - 2 - 4 中设置好项目名称和保存路径后，单击 "下一步" 按钮，出现图 2 - 2 - 5 所示的选择编译工具的界面。

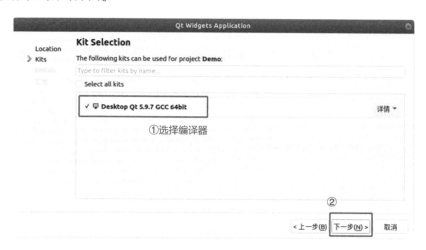

图 2 - 2 - 5　新建项目向导第 2 步：选择编译工具

5）选择编译工具 "Desktop Qt 5.9.7 GCC 64bit"，选择好编译工具后单击 "下一步" 按钮，出现图 2 - 2 - 6 所示的界面。

图 2 - 2 - 6　新建项目向导第 3 步：选择界面基类

6）在此界面中选择需要创建界面的基类（base class），有 3 种基类可以选择。

①QMainWindow 是主窗口类，主窗口具有主菜单栏、工具栏和状态栏，类似于一般的应用程序的主窗口。

②QWidget 是所有具有可视界面类的基类，选择 QWidget 创建的界面对各种界面组件都

可以支持。

③QDialog 是对话框类，可建立一个基于对话框的界面。

在此选择 QWidget 作为基类，自动更改的各个文件名不用手动去修改。勾选"创建界面"复选框。这个选项如果勾选，就会由 Qt Creator 创建用户界面文件，否则，需要自己编程手工创建界面。

7）然后单击"下一步"按钮，出现一个页面，总结了需要创建的文件和文件保存目录，单击"完成"按钮就可以完成项目的创建。

2. 项目的组成和管理

1）创建好 Demo 项目后，在 Qt Creator 的左侧工具栏中单击"编辑"按钮，可显示图 2-2-7所示的窗口。

图 2-2-7　项目管理与文件编辑界面

窗口左侧有上下两个子窗口，上方的目录树显示了项目内文件的组织结构，显示当前项目为 Demo。项目的名称构成目录树的一个根节点，在项目名称节点下面，分组管理着项目内的各种源文件。

2）双击文件目录树中的文件 widget. ui，出现图 2-2-8 所示的窗体设计界面。这个界面实际上是 Qt Creator 中集成的 Qt Designer。窗口左侧是分组的组件面板，中间是设计的窗体。在组件面板的 Display Widgets 分组里，将一个 Label 组件拖放到设计的窗体上面。

3）双击刚刚放置的 Label 组件，可以编辑其文字内容，将文字内容更改为"Hello, World!"，将对象名更改为"Hello"，在窗口右下方的属性编辑器里编辑标签的 Font 属性，将字体族修改为"TIwg Mono"，Point Size（点大小）更改为 12，勾选粗体，如图 2-2-9 所示。

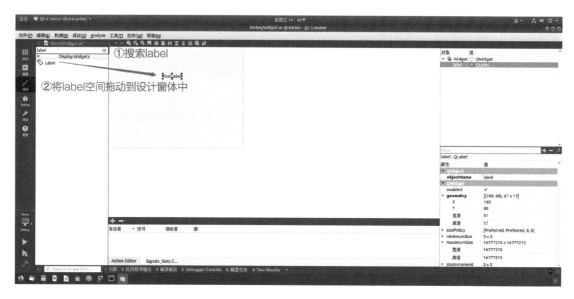

图 2-2-8　集成在 Qt Creator 中 UI 设计器

图 2-2-9　编辑文字内容

3. 项目的运行

单击主窗口左侧工具栏下方的 ▶ 按钮，直接运行程序，程序运行的界面如图 2-2-10 所示。这就是一个标准的桌面应用程序，我们采用可视化的方式设计了一个窗口，并在上面显示了字符串 "Hello World!"。

单击运行按钮

图2-2-10　程序 Demo 运行的界面

三、用户界面开发

1. 用户界面

用户界面（User Interface，简称 UI，亦称使用者界面）是系统和用户之间进行交互和信息交换的媒介，它用于实现信息的系统内部形式与人类可以接受形式之间的转换。

用户界面是介于用户与硬件之间，为彼此之间交互沟通而设计的相关软件。它使得用户能够方便、有效地去操作硬件，以达成双向交互，完成用户所要求的工作。用户界面定义广泛，包含了人机交互与图形用户界面，凡参与人类与机械的信息交流的领域，都存在着用户界面。

用户和系统之间一般用面向问题的受限自然语言进行交互。目前，有系统开始利用多媒体技术开发新一代的用户界面。

2. 图形用户界面

（1）图形用户界面概述

图形用户界面（Graphical User Interface，简称 GUI，又称图形用户接口）是指采用图形方式显示的计算机操作用户界面。

图形用户界面是一种人与计算机间实现通信的界面显示格式。它允许用户使用鼠标等输入设备操纵屏幕上的图标或菜单选项，以选择命令、调用文件、启动程序或执行其他一些日常任务。与通过键盘输入文本或字符命令来完成例行任务的字符界面相比，图形用户界面有许多优点。

图形用户界面由窗口、下拉菜单、对话框及其相应的控制机制构成，在各种新式应用程序中都是标准化的，即相同的操作总是以同样的方式来完成。在图形用户界面，用户看到和操作的都是图形对象，应用的是计算机图形学技术的成果。

（2）GUI 开发原理

GUI 程序运行模式如图 2 – 2 – 11 所示。

面向对象的 GUI 程序开发过程如下所示。

1）创建窗口、窗口元素 GUI 界面。

2）在消息处理函数中根据程序消息做出不同响应。

操作系统提供了创建界面元素所需要的函数，依次调用不同功能的函数就可以创建不同界面元素。但操作系统提供的原生函数无法直接映射到界面元素。根据面向对象程序设计思想，将界面元素抽象为类，GUI 界面的创建过程就是组合不同界面元素对象的过程。

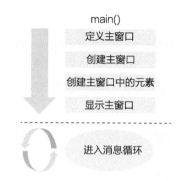

图 2 – 2 – 11　GUI 程序运行模式

Qt 的本质是利用面向对象程序设计思想开发的一套 GUI 组件库，Qt 将不同操作系统的 GUI 细节封装于类内部，并提供了一套跨平台的类用于 GUI 程序开发。

3. 人机界面

HMI 是 Human Machine Interface 的缩写，含义是"人机接口"，也称人机界面。它是系统和用户之间进行交互和信息交换的媒介，它实现信息的内部形式与人类可以接受形式之间的转换。

汽车 HMI 设计主要是研究人与汽车的人机交互界面。注意，这个界面只是一个形容词，界面包含开关、按钮、大屏、语音等。内饰设计和 HMI 强相关，但也有所区分，内饰设计强调的是主观整体感受，HMI 是承担人与车之间有效信息交互的载体，侧重的是人与界面、人与汽车各系统间交流的体验感受。

目前，各个主流主机厂的 HMI 开发流程都不尽相同，但整体思路应该是一致的。在整车设计过程中，HMI 设计是以一个多学科、跨部门、合作交叉的形式存在的。通常会有一到两个部门牵头组建 HMI 设计团队，通过项目的形式进行开发设计。涉及部门包含市场销售部、电子电气部、软件工程部、设计部、整车集成部、质保售后部等。各职能部门根据分工不同提供相应的输出给到 HMI 设计团队，HMI 团队通过收集需求来设计整体人机界面交互方案。注意：这里说到的需求包含内部需要和外部需求。

任务小结

1. Qt 是一个跨平台的 C ++ 图形用户界面库，Qt 本质是利用面向对象程序设计思想开发的一套 GUI 组件库，Qt 将不同操作系统的 GUI 细节封装于类内部，并提供了一套跨平台的类用于 GUI 程序开发。

2. Qt 开发工具包含 Qt Creator、Qt Designer、Qt Linguist、Qt Assistant、Qmake。

3. Qt 组件的类型包括容器类和功能类两种。

4. Qt 以组件对象的方式构建图形用户界面，表现在所有图形用户界面类都继承自 QWidget。

5. QLabel 用于显示一个提示性的字符串提供给用户。

学习任务三
基本的数据与运算

任务描述

计算机程序设计涉及两个基本问题：一个是数据的描述，一个是动作的描述。计算机程序的主要任务就是对数据进行处理和加工，没有数据，程序就没有了操作对象；而没有处理对象，程序就毫无作用。可见，对数据的处理是计算机程序设计的一项主要任务。我们玩游戏的时候，游戏中的角色是有类型的，有敏捷型、力量型、法术型等。同样 C 语言中的数据也是有类型的。我们上小学的时候都学过各种运算，如：加法运算、乘法运算、混合运算等，而运算就要用到运算符，如：＋、－、×、÷等。在 C 语言中同样有运算符，只是写法可能有所不同。

本任务主要讲解基本数据类型以及运算，使同学们熟练掌握各种数据类型的常量、变量的定义和使用方法，能熟练地使用各种数据类型的常量和变量进行程序设计；掌握常用的运算符及其构成的表达式，进一步提高编程水平。

学习目标

知识目标

1. 列举 C 语言的基本数据类型。
2. 解释常量与变量的概念。
3. 运用整型、实型、字符型数据的常量及变量，解决常规计算问题。
4. 阐述基本运算符的运算规则及优先级别。
5. 解释表达式的构成规则和计算方式。

素养目标

1. 弘扬红船精神，培养创新能力。
2. 帮助学生形成正确的价值观。

知识准备

一、常量、变量与标识符

变量和常量是程序处理的两种基本数据对象，在 C 语言中可以用标识符来表示一个常量或者一个变量。

1. 标识符

在 C 语言中，数据是在计算机的内存中存储的。程序中用到的数据，需要到计算机的内存中去读取，因此对于每一个数据，都有一个内存地址与之唯一对应。但是，由于内存地址十分难记，所以我们就用一个标识符来标记这个地址。

标识符就是一个数据的名字，因此但凡是数据就有对应的存储地址，也就可以用标识符来标记数据，具体包括常量名、变量名、函数名、数组等对象。

标识符的命名规则如下。

1）标识符由字母（大小写）、数字以及下划线组成，且第一个字符必须是字母或者下划线。

2）C 语言中大写字母和小写字母是不一样的。

3）标识符不能和已有的关键字相同。

标识符具体例子见表 2 – 3 – 1。

表 2 – 3 – 1　标识符具体例子

合法标识符	非法标识符	注释
fromNo12	From#12	标识符中不能使用#符号
my_Boolean	My-Boolean	标识符中不能使用 " – " 符号，应使用下划线 "_" 代替
Obj2	2ndObj	标识符不能使用数字开头
myInt	int	"int" 是内建关键字
Jack_rose	Jack&rose	符号 "&" 不能出现在标识符中
GUI	G. U. I.	标识符内部不能出现 "." 分隔符

2. 关键字

关键字又称保留字，是指在高级语言中已经定义过的标识符，具有特殊的作用，用户不能再将关键字作为标识符，C 语言的关键字如图 2 – 3 – 1 所示。

auto	break	case	char
const	continue	default	do
double	else	enum	extern
float	for	goto	if
int	long	register	return
short	signed	sizeof	static
struct	switch	typedef	union
unsigned	void	volatile	while

图 2 – 3 – 1　C 语言的关键字

3. 常量

在程序运行过程中，其值不能被改变的量称为常量，常量在程序中不需要任何说明就可以直接使用，因为常量本身就包含了它的类型。常量又可分为直接常量和符号常量。

直接常量：直接写出来的常量，其书写形式决定了它的类型。直接常量的类型见表 2 – 3 – 2。

表 2 – 3 – 2　直接常量类型

整型常量	15, – 8, 0
实数型常量	3.7, – 8.2, 58.12E – 2
字符常量	'a' 'A' ' + ' '5'
字符串常量	"this is a boy." "a" "123"

符号常量：指用一个标识符表示的一个常量。通常在程序的开头用命令来定义，例如：

```
#define TEACHER 100    //习惯上常量的标识符用大写字母表示
```

4. 变量

变量是指在程序运行过程中值可以改变的量，程序中的变量名是用户根据需要而取名的，变量名必须符合标识符的命名规则。

在 C 语言中，常量可以不经定义而直接引用，但是变量必须要先定义后使用。

一条变量定义语句由数据类型和其后的一个或多个变量名组成，其定义形式为：数据类型 变量名 1【，变量名 2，…】，例如：

```
int name,age;   //习惯上变量的标识符用小写字母表示
```

变量的赋值，在定义变量后，可以根据需要，赋予它一个初始值，即变量的初始化。变量赋值的方法主要有以下三种：

1）声明时赋值，语法如下：

```
int a =1,b =1; //数据类型 变量名 1 =值,变量名 2 =值;
```

2）声明后赋值，语法如下：

```
int a;   //数据类型 变量名;
a =1;   //变量名 =值;
```

这种方法很少使用，一般都是声明时赋值和由用户赋值。

3）声明后用户赋值，语法如下：

```
数据类型 变量名;
变量名 = scanf("% d",&y)
```

二、整型、实型与字符型数据

算法处理的对象是数据，而数据是以某种特定的形式存在的，如整数、实数、字符等形式。简单地说，数据类型就是程序给其使用的数据，指定某种数据组织形式，从字面上理解，就是对数据按类型进行分类。数据类型是按被说明数据的性质、表示形式、占据存储空间的多少、构造特点来划分的。在 C 语言中，数据类型可分为基本类型、构造类型、指针类型和空类型四大类，如图 2-3-2 所示。

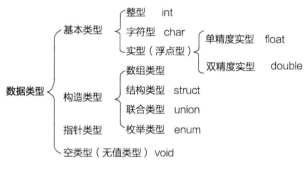

图 2-3-2　数据类型

1. 整型数据

整型数据包括整型变量和整型常量。

（1）整型变量

整型变量的基本类型说明符为 int。由于不同的编译系统对整型变量所占用的字节数有不同的规定，因此根据在 C 语言中各整型变量占用内存字节数的不同，可以将整型变量分为基本整型、短整型、长整型三类，每一个类型又可分为有符号和无符号。它们区别主要在于所占字节和取值范围，声明和说明见表 2-3-3。

表 2-3-3　整型变量的声明和说明

声明	说明	所占字节	取值范围
short int	短整型	2	-32768 ~ 32767
signed short int	带符号短整型	2	-32768 ~ 32767
unsigned short int	无符号短整型	2	0 ~ 65535
int	整型	4	-2147483648 ~ 2147483647
signed int	带符号整型	4	-2147483648 ~ 2147483647
unsigned int	无符号整型	4	0 ~ 4294967295
long int	长整型	4	-2147483648 ~ 2147483647
signed long int	带符号长整型	4	-2147483648 ~ 2147483647
unsigned long int	无符号长整型	4	0 ~ 4294967295

（2）整型常量

整型常量的数据类型是整数，包括正整数、负整数和零。C语言中，按不同的进制，整型常量有十进制数表示法、八进制数表示法和十六进制表示法三种表示方式，见表2-3-4所示。

表2-3-4 整型常量表示方式

分类	前缀	数码范围	合法整常数	不合法整常数	注意事项
十进制整常数	无前缀	0~9	-567、65535	023、23D	十进制数是不能有前导零的
八进制整常数	0	0~7	15（十进制为13）0101（十进制为65）	256（没有前缀0）、03A2（包含了非八进制数码）、-0127（出现了负号）	八进制整常数必须以0开头，即以0作为八进制数的前缀。八进制数通常是无符号数。
十六进制整常数	0X或0x	0~9、A~F	0X2A（十进制为42）0xFFFF（十进制为65535）	5A（无前缀0X）、0X3H（包含了非十六进制数码）	十六进制整常数的前缀为0X或0x

2. 实型数据

（1）实型常量

当进行数据运算需要用到小数或指数时，用C语言来实现的话，就需要用到实型数据。实型也称浮点型。实型常量也称实数或浮点数。

C语言中的浮点数常数不区分单精度还是双精度，都统一按照双精度（double）来进行处理。

在C语言中，实数只采用十进制，其值有十进制小数形式和指数形式两种表达方式见表2-3-5。

表2-3-5 实数表达方式

分类	组成	合法浮点数	不合法浮点数	说明
十进制小数形式	由数码0~9和小数点组成	0.0、25.0、5.789、0.13、-12.34、30	0、25	注意：必须有小数点
指数形式	由十进制数，加阶码标志"e"或"E"以及阶码组成。一般形式是aEn（a为十进制数，n为十进制数），值为 $a*10^n$	2.1E5（等于$2.1*10^5$）、3.7E-2（等于$3.7*10^{-2}$）	345（无小数点）、E7（阶码标志E之前无数字）、-5（无阶码标志）、53. -E3（负号位置不对）、2.7E（无阶码）	

（2）实型变量

实型数据在内存中的存放形式：实型数据一般占4个字节（32位）内存空间。按指数形式存储。实数3.14159在内存中的存放形式见表2-3-6。

表 2 – 3 – 6　实数 3. 14159 在内存中的存放形式

+	. 314159	+	1
数符	小数部分	指符	指数

在 C 语言中实型变量分为单精度（float 型）、双精度（double 型）、长双精度（long double 型）三种类型见表 2 – 3 – 7。

表 2 – 3 – 7　实型变量类型

实型变量	类型说明符	字节数（比特数）	有效数字	数的范围
单精度	float	32（4）	6 ~ 7	3. 4E – 38 ~ 3. 4E + 38
双精度	double	64（8）	15 ~ 16	1. 7E – 308 ~ 1. 7E + 308
长双精度	long double	128（16）	18 ~ 19	10(– 4931) ~ 104932

实型变量定义的格式和整型变量一样。

例：实型变量定义

```
#include < stdio.h >

int main() {
    //单精度实型变量
    float x, y;
    //双精度实型变量
    double a, b;
    //长双精度实型变量
    long double m, n;
    //打印 float、double、long double 在该编译器中占用字节数
    printf("% d, % d, % d", sizeof(float), sizeof(double), sizeof(long double));
}
```

计算机中存储单元是有限的，不可能无限存储小数，所以浮点数的有效数字是有限的。当超过这个范围之后就会产生误差

```
#include < stdio.h >

int main() {
    //a 是单精度浮点数,有效位数只有 7 位,整数占了五位,因此小数两位之后为无效数字
    float a = 33333.33333;
    //b 是双精度浮点数,有效位数为 16 位,默认输出 6 位小数(不足六位以 0 补齐,超过六位按四
舍五入截断)
    double b = 33333.33333333333333;
    printf("a = % f, b = % f", a, b);//a = 33333.332031, b = 33333.333333
}
```

3. 字符型数据

字符型数据就是用来表示英文字母、符号和汉字的数据，包括字符常量和字符变量。

（1）字符常量

字符常量就是用单引号（''）括起来的一个字符。如 'a' '1' '?' 等。字符常量有如下特点。

1）字符常量必须用单引号（''）括起来，不能使用双引号（""）。如 "a" 是不合法的字符常量。

2）字符常量只能有一个字符，不能是字符串。如 'acb' 就是不合法的字符常量。

3）字符常量中的字符可以是字符集中的任意字符，包括数字。但是字符常量不能参与运算，即 '5'+5 是错误的。

转义字符是一种特殊的字符常量。以反斜线"／"开头，后面跟着一个或几个字符，有特定的含义，如 \n 不表示字符 n 而是"回车换行"。转义字符主要用于表示那些用一般字符不便于表示的控制代码。常见的转义字符见表 2-3-8。

表 2-3-8　常见的转义字符

转义字符	转义字符的意义	ASCII 代码
\n	换行（LF）	010
\t	水平制表（HT）	009
\v	垂直制表（VT）	011
\b	退格（BS）	008
\r	回车（CR）	013
\f	换页（FF）	012
\\	反斜线	092
\?	反问号符	063
\'	单引号字符	039
\"	双引号字符	034
\0	空字符（NULL）	000
\a	响铃（BEL）	007
\ddd	1~3 位八进制数所代表的字符，如 \101 表示字母"A"、\102 表示字母"B"	
\xhh	1~2 位十六进制数所代表的字符，如 \X0A 表示换行	

（2）字符变量

字符变量用来存储字符常量，即单个字符。字符变量的定义格式如下：char 变量名标识符 = '字符常量';。如 char a = 'A'; 其格式和书写规则与整型变量相同。例如：

```
#include < stdio.h >

int main() {
    char a ='A';
    char b ='0';
    char c ='\t';
    printf("% c% c% c", a, c, b);//A        0
}
```

（3）字符数据在内存中的存储形式及使用方法

每个字符变量被分配一个字节的内存空间，因此只能存放一个字符。而字符值如 c 在内存中是以 ASCII 码的形式存放在变量的内存单元中的，而 ASCII 码值是十进制数字，可以转换成二进制存放在计算机中。如 'x' 的十进制 ASCII 码是 120，如果有 char a = 'x';，那么 a 变量在内存中存放 120 的二进制是 0111 1000。

因此 C 语言允许对整型变量赋予字符值（如 int b = 'c';），也允许对字符变量赋予整型值（如 char a = 97;）。同样在输出时，允许把字符变量当作整型输出〔如 printf（"% d"，'a'）；// 97〕，也允许把整型变量按字符量输出〔如 printf（"% c"，97）；// a〕。例如：

```
#include < stdio.h >

int main() {
    //对字符变量赋予整型值
    char a = 97;
    //对整型变量赋予字符值
    int b ='c';
    //把字符变量当作整型输出
    printf("% d", a);//当格式符为"d"时,对应输出的变量值为整数
    //把整型变量按字符量输出
    printf("% c", b);//当格式符为"c"时,对应输出的变量值为字符
}
```

还可以让字符变量与整数参与运算，如将小写字母转换成大写，因为它们的 ASCII 码值相差 32，可以利用这一点来进行大小写字母的相互转换：

```
#include < stdio.h >

int main() {
    //将小写字母转换成大写字母,减去 32
    char a ='a';
    a = a -32;
    printf("% c", a);//A
```

```
//将大写字母转换成小写字母,加上32
char A ='A';
A = A + 32;
printf("% c",A);//a
}
```

（4）字符串常量

字符串常量就是用双引号括起来的字符序列，如 "china" "hello world" "123456"。字符串常量与字符常量的区别如下

字符常量由单引号括起来，如'a'；字符串常量由双引号括起来，如"hello"。

字符常量只能是单个字符，如'a'是正确的，但'abc'是错误的；字符串常量可以包含一个或多个字符，如"a" 是正确的，"abc" 也是正确的。

可以将一个字符常量赋予一个字符变量（如 char c ='a';），但不能把一个字符串常量赋给一个字符变量（如 char c = "abc" 是错误的），但可以用一个字符数组来存放一个字符串常量。

字符常量占用一个字节的内存空间；字符串常量占用的内存字节数等于字符串中字节数加1，增加的一个字节用于存放"\0" 字符（ASCII 码为0），这是字符串结束的标志。

三、算术运算符和算术表达式

C 语言中运算符和表达式的数量很多，正是因为丰富的运算符和表达式使其语言功能十分完善。C 语言的运算符不仅具有不同的优先级，还有结合性。在表达式中，各运算表达量参与运算的先后要遵守运算符优先级别的规定，也要受运算符结合性的制约，以便确定是自左向右，还是自右向左进行运算。

1. 基本算术运算符

算术运算符用于各类数值运算见表 2 - 3 - 9。

表 2 - 3 - 9　基本算术运算符

名称	符号	说明
加法运算符	+	加法运算符为双目运算符，即应有两个量参与加法运算。如 a + b，4 + 8 等。具有右结合性
减法运算符	−	减法运算符为双目运算符。但 " − " 也可作负值运算符，此时为单目运算，如 − x，− 5 等具有左结合性
乘法运算符	*	双目运算，具有左结合性
除法运算符	/	双目运算具有左结合性。参与运算量均为整型时，结果也为整型，舍去小数。如果运算量中有一个是实型，则结果为双精度实型
求余运算符（模运算符）	%	双目运算，具有左结合性。要求参与运算的量均为整型。求余运算的结果等于两数相除后的余数

在 C 语言中，算术表达式的求值规律与数学中的四则运算相似，但要考虑运算优先级问题，优先级越高越先计算，比如表中乘除比加减优先级高，则进行先乘除后加减。

例如：算术运算符的使用

```
#include <stdio.h>

int main() {
    int a = 5 + 5;
    int b = 5 - 4;
    int c = 5 * 5;
    int d = 10 / 3;
    float e = 10.0f / 3;
    int f = 10 % 3;
    //a = 10, b = 1, c = 25, d = 3, e = 3.333333, f = 1
    printf("a = % d, b = % d, c = % d, d = % d, e = % f, f = % d", a, b, c, d, e, f);
}
```

2. 自增自减运算符

自增运算符"++"和自减运算符"--"的作用是使变量的值增加 1 或减少 1。有两种使用形式，++a、a++ 及 --a、a--，也称为前缀形式和后缀形式。在只需要对变量本身进行加 - 或者减 -，而不考虑表达式值的情况下，前缀和后缀的运算效果是相同的。否则，结果是有区别的。

在 C 语言中不要对同一个变量多次使用自增和自减运算，这样会导致程序可读性比较差，也会导致编译器做出不同的运行结果。

自增自减运算符均为单目运算，都具有右结合性。其形式见表 2-3-10。

表 2-3-10 自增自减运算符

名称	符号	说明
自增运算符	++i	i 自增 1 后再参与其他运算
自减运算符	--i	i 自减 1 后再参与其他运算
自增运算符	i++	i 参与运算后，i 的值再自增 1
自减运算符	i--	i 参与运算后，i 的值再自减 1

例如：自增自减运算符的使用

```
#include <stdio.h>

void main()
{
    int i = 8;
```

```
    printf("i = % d \n", + + i;   /* i 加 1 后输出故为 9 */
    printf("i = % d \n", - - i);    /* 减 1 后输出故为 8 */
    printf("i = % d \n", i + +);   /* 输出 i 为 8 之后再加 1(为 9) */
    printf("i = % d", i - -);      /* 输出 i 为 9 之后再减 1(为 8) */
  printf("i = % d", - i + +);   /* 输出 -8 之后再加 1(为 9) */
  printf("i = % d", - i - -);    /* 输出 -9 之后再减 1(为 8) */
}
```

3. 算术表达式

表达式是由常量、变量、函数和运算符组合起来的式子。一个表达式有一个值及其类型，它们等于计算表达式所得结果的值和类型。表达式求值按运算符的优先级和结合性规定的顺序进行。单个的常量、变量、函数可以看作是表达式的特例。

算术表达式：用算术运算符和括号将运算对象（也称操作数）连接起来的、符合 C++ 语法规则的式子。如 a + b、(a * 2)/2、i + + 等。

4. 运算符的优先级和结合性

（1）运算符的优先级

C 语言中，运算符的运算优先级共分为 15 级。1 级最高，15 级最低。在表达式中，优先级较高的先于优先级较低的进行运算。而在一个运算量两侧的运算符优先级相同时，则按运算符的结合性所规定的结合方向处理。

（2）运算符的结合性

C 语言中各运算符的结合性分为两种，即左结合性（自左至右）和右结合性（自右至左）。

例如，有表达式 x - y + z，则 y 应先与 " - " 号结合，执行 x - y 运算，然后再执行 + z 的运算。这种自左至右的结合方向就称为 "左结合性"。

而自右至左的结合方向称为 "右结合性"。最典型的右结合性运算符是赋值运算符。如 x = y = z，由于 " = " 的右结合性，应先执行 y = z 再执行 x = (y = z) 运算。C 语言运算符中有不少为右结合性，应注意区别，以避免理解错误。

所有 C 语言运算符的优先级和结合律见表 2 - 3 - 11。

表 2 - 3 - 11　运算符优先级和结合律

优先级	运算符	结合律
1	后缀运算符：[ ]　( )　·　- >　+ +　- -　(类型名称) {列表}	从左到右
2	一元运算符：+ +　- -　!　~　+　-　*　&　sizeof alignof	从右到左
3	类型转换运算符：(类型名称)	从右到左
4	乘除法运算符：*　/　%	从左到右
5	加减法运算符：+　-	从左到右

（续）

优先级	运算符	结合律
6	移位运算符：<<　　>>	从左到右
7	关系运算符：<　<=　　>　>=	从左到右
8	相等运算符：==　　!=	从左到右
9	位运算符 AND：&	从左到右
10	位运算符 XOR：^	从左到右
11	位运算符 OR：|	从左到右
12	逻辑运算符 AND：&&	从左到右
13	逻辑运算符 OR：||	从左到右
14	条件运算符：?:	从右到左
15	赋值运算符： =　+=　　=　*=　　/=　%=　　&=　　^=　　|=　　<<=　>>=	从右到左

任务小结

1. C 语言的数据类型

1）基本类型：整型、实型、字符型等，其主要特点是不能再分解为其他数据类型。

2）构造类型：一个构造类型数据可以分解为若干个"元素"或者"成员"，各个成员的数据类型可以相同，也可以不同。其主要有：数组类型、结构类型、联合类型、枚举类型。

3）指针类型：一种特殊的数据类型，其值可以用来指代某一个数据的存储器地址。

4）空类型：目前阶段只有不需要返回值的函数可以定义为空类型。

2. 常量、变量和标识符

1）常量：表示数据的值，在程序执行过程中，值不发生改变。

2）变量：表示数据的值，在程序执行过程中，其值可发生改变，变量的实质是代表了计算机内存中的某个存储单元。

3）标识符：编程时给变量或者函数起的名字。

3. 整型数据

1）整型常量：基本数据类型为整数，C 语言中，按不同的进制，整型常量有十进制数表示法、八进制数表示法和十六进制表示法三种表示方式。

2）整型变量：用于存放整数，其基本数据类型为 int 型，根据其前面的修饰符可以定义更多类型的整数。

4. 实型数据（浮点型）

1）实型常量：又称浮点型常量、实数或者浮点数，数值只采用十进制，实型常量有小数形式和指数形式两种表示方法。

2）实型变量：分为 float（单精度）、double（双精度）、long double（双精度）三种定义方式。

5. 字符型数据：用来表示英文字母、符号和汉字的数据。

1）字符型常量。

①用单引号括起来的一个直挂输入的字符。

②用转义字符表示无法直接输入的字符以及某些特殊的字符。

2）字符型变量：用于存放单个字符常量，常用关键字 char 来定义，占用一个字节内存。

3）字符串常量：用双引号括起来的字符序列。

4）算术运算符：用于各类数值运算。包括加（+）、减（-）、乘（*）、除（/）、求余（%）、自增（++），自减（--），一共 7 种。

5）算术表达式：用算术运算符和括号将运算对象（也称操作数）连接起来的、符合 C 语言语法规则的式子。

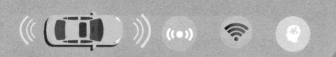

学习任务四
顺序结构程序设计

任务描述

　　顺序，也就是按照一定的次序完成一件或多件事情。比如：我们穿衣服的顺序就是，由里到外地穿，穿反了就是 super man。再比如：做米饭的顺序就是先淘米，加水，开电源蒸米饭。同样，程序是由一句又一句的代码组成的，这些语句之间的执行是有先后关系的，如果顺序发生互换（就像前边穿衣服的顺序一样），就会产生一定的错误。

　　本任务主要讲解基本语句类型、格式化输入和输出函数、赋值语句等，使同学们理解程序设计的顺序结构基本思想，学会用算法分析问题，能够使用顺序结构编写简单的程序解决具体问题，培养良好的编程习惯和态度。

学习目标

知识目标

1. 总结结构化程序设计的基本思想、C 程序结构的类别。
2. 列举顺序结构实现语句的格式和功能。
3. 分类格式化输入函数 printf 和输出函数 scanf。
4. 运用顺序结构的程序设计方法，完成简单的顺序结构程序设计。

素养目标

1. 培养解决问题和创造新知识的科学素养。
2. 在技能传授、能力培养中弘扬社会主义核心价值观。
3. 培养具有创新意识、积极向上、坚忍不拔的品质。

知识准备

一、C 程序概述

1. 结构化程序设计

近年来，结构化程序设计方法被广泛地使用，它使程序结构清晰、易读性强，以提高程序设计的质量和效率。结构化程序设计的基本思想是：用顺序结构、选择结构和循环结构这三种基本结构来构造程序。结构化程序的三种基本结构如图 2-4-1 所示。

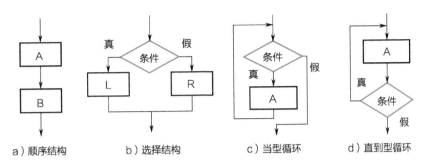

图 2-4-1　结构化程序的三种基本结构

1）顺序结构。程序执行流程是按语句顺序依次执行。先执行 A 操作，再执行 B 操作，两者是顺序执行的关系。

2）选择结构。根据给定的条件进行判断，由判断结果决定执行程序中的哪一个分支。当条件成立时执行 L 操作，否则执行 R 操作。L 或 R 只能执行之一。

3）循环结构。在给定的条件成立的情况下，反复执行某个程序段，包括当型循环和直到型循环。

由上述三种程序结构组成的程序称作结构化程序，形成的软件称作结构化软件。

2. C 程序结构

C 语言以文件为编译单位。一个 C 程序可以由一个或若干个源程序文件构成，一个源程序文件可以由一个或若干 C 函数组成，一个函数由数据定义部分和执行语句组成。C 程序结构如图 2-4-2 所示。语句是 C 程序的基本组成部分，它用来向计算机系统发出操作指令。一个语句经编译后产生若干条机器指令。

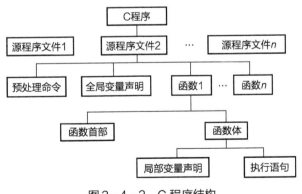

图 2-4-2　C 程序结构

3. C 语言的语句

一个程序是一系列的语句集合。每一条语句是一条完整的计算机指令，用来完成一定操作任务。注意：声明部分的内容不应称为语句，因为它没有对数据进行操作。例如：int a;

这不是一条 C 语句，只是对变量进行定义，说明变量的类型，只是一种行为。

与其他高级语言一样，C 语言也是利用函数体中的可执行语句，向计算机系统发出操作命令，编译后产生机器可执行指令。一般按语句的不同功能，将 C 语言的语句分为控制语句、表达式语句、函数调用语句、空语句和复合语句五大类。

（1）控制语句

控制语句完成一定的控制功能，能够根据一定的测试条件决定某些语句是否被执行，如分支、循环、辅助控制等语句，如图 2 - 4 - 3 所示。

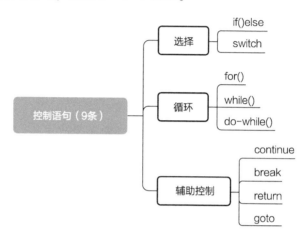

图 2 - 4 - 3　控制语句

（2）表达式语句

C 语言的表达式语句由表达式加上分号";"组成。包括算术表达式、赋值表达式、逗号表达式、关系表达式、逻辑表达式等几种类型。表达式语句一般形式为：

```
Expression;  //表达式;
```

典型的是赋值语句，由赋值表达式加分号";"构成，如：y = x + 1 是表达式，而 y = x + 1;则是赋值语句，例如：

```
a = 3;      /*赋值语句*/
z = x * y, z ++;    /*一条语句*/
x - y;       /*语句,但无实际意义*/
i ++;     /*语句*/
i ++      /*表达式,不是语句*/
```

（3）函数调用语句

在 C 语言中，只有在函数调用时，函数体中定义的功能才会被执行。函数调用语句由函数名、实际参数加上分号";"组成。其一般形式为：

```
function ( arguments );    //函数名(实际参数表) ;
```

例如：

```
printf("% d",i);
getchar() ;
myfun(a,b);
```

（4）空语句

空语句只有一个 "；"，什么也不做，其一般形式为：

```
;     //只有一个分号
```

空语句可以用于等待某个事件的发生，特别是用在 while 循环语句中。空语句中还可以用于为某段程序提供标号，表示程序的执行位置。例如：

```
for(i =0;i <100;i + +)
{
;
}
```

（5）复合语句

复合语句简称为语句块，它使用大括号把许多语句和声明组合到一起，形成单条语句。语句块与简单的语句不同，语句块不用分号当作结尾。

用括号 {} 括起来组成的一个语句称为复合语句。例如：

```
int i =0,sum =0;
while(i < =100)
{                              /*复合语句开始*/
sum = sum + i;
i = i +1;
}                              /*复合语句结束*/
```

二、赋值语句

赋值语句是由赋值表达式再加上分号构成的表达式语句。其一般形式为：

变量 = 表达式;

其他形式的赋值语句：

< 变量 > < 运算符 > = < 表达式 >;

可以理解为 < 变量 > = < 变量 > < 运算符 > < 表达式 >；具体赋值语句的含义见表 2 - 4 - 1。

表 2 - 4 - 1　具体赋值语句的含义

实例	含义
a + = 表达式	a = a + (表达式)
a - = 表达式	a = a - (表达式)
a * = 表达式	a = a * (表达式)
a/ = 表达式	a = a/ (表达式)
a% = 表达式	a = a% (表达式)

连续赋值语句：

```
int a, b, c;
a = b = c = 1;
```

连续赋值语句应 "从右向左" 计算，a = b = c = 1；等价于 a = (b = (c = 1))；

1）把常数 1 赋给变量 c，表达式 (c = 1) 的值为 1。

2）把表达式 (c = 1) 赋给变量 b，表达式 [b = (c = 1)] 的值为 1。

3）将右侧表达式的值 1 赋给 a，a = 1。

三、数据的格式输入与格式输出

所谓数据的输入、输出是从计算机角度出发的。为了让计算机处理各种数据，首先就应该把源数据输入到计算机中，计算机处理结束后，再将目标数据、信息以人能够识别的方式输出。

C 语言中，所有的数据输入/输出都是由 C 语言编译系统提供的库函数完成的，都为函数语句。在使用 C 语言库函数时，要用预编译命令 #include 将有关头文件包括到源文件中；如，使用标准输入输出时，要用到 ** "stdio. h" ** 文件：

```
#include < stdio.h >
printf("格式控制字符串", 输出表列);    //格式输出函数
scanf("格式控制字符串", 地址表列);     //格式输入函数
```

1. 格式输出函数（printf 函数）

printf 函数称为格式输出函数，其关键字最末一个字母 f 即为 "格式"（format）之意。其作用是按指定格式向计算机系统默认的输出设备（一般指显示器），输出一个或多个任意类型的数据。

（1）printf 函数调用的一般形式

printf 函数是一个标准库函数，它的函数原型在头文件 "stdio. h" 中。printf 函数调用的

一般形式为：

printf(“格式控制字符串”，输出表列)

其中，格式控制字符串用于指定输出格式。格式控制字符串可由格式字符串和非格式字符串两种组成。

格式字符串是以%开头的字符串，在%后面跟有各种格式字符，以说明输出数据的类型、形式、长度、小数位数等。

非格式字符串原样输出，在显示中起提示作用。

输出表列中给出了各个输出项，要求格式字符串和各输出项，在数量和类型上应该一一对应。

（2）格式字符串

在 Turbo C 中格式字符串的一般形式为：

[标志][输出最小宽度][.精度][长度]类型　　/*方括号[]中的项为可选*/

printf 函数字符串各项意义可查看二维码。

2. 格式输入函数（scanf 函数）

scanf 函数称为格式输入函数，即按用户指定的格式从键盘上把数据输入到指定的变量之中。

printf 函数
字符串各项意义

（1）scanf 函数的一般形式

scanf 函数是一个标准库函数，它的函数原型在头文件“stdio. h”中。scanf 函数的一般形式为：

scanf(“格式控制字符串”，地址表列)；

其中，格式控制字符串的作用与 printf 函数相同，但不能显示非格式字符串，也就是不能显示提示字符串。

地址表列中给出各变量的地址。地址是由地址运算符“&”后跟变量名组成的。

例如：&a、&b 分别表示变量 a 和变量 b 的地址。

这个地址就是编译系统在内存中给 a、b 变量分配的地址。在 C 语言中，使用了地址这个概念，这是与其他语言不同的。把变量的值和变量的地址这两个不同的概念区别开来。变量的地址是 C 编译系统分配的，用户不必关心具体的地址是多少。

scanf 函数在本质上也是给变量赋值，但要求写变量的地址，如 &a。这两者在形式上是不同的。& 是一个取地址运算符，&a 是一个表达式，其功能是求变量的地址。

例如：

```
#include < stdio.h >
int main(void){
    int a,b,c;
    printf("input a,b,c \n");
    scanf("% d% d% d",&a,&b,&c);
    printf("a = % d,b = % d,c = % d",a,b,c);
    return 0;
}
```

（2）格式字符串

格式字符串的一般形式为：

% [*][输入数据宽度][长度]类型　　/*方括号[]中的项为可选 * /

scanf函数
字符串各项意义

scanf 函数字符串各项意义可查看二维码。

（3）使用 scanf 函数注意事项

1）scanf 函数中没有精度控制，如：scanf（"% 5.2f"，&a）；是非法的。不能企图用此语句输入小数位为 2 位的实数。

2）scanf 中要求给出变量地址，如给出变量名则会出错。如 scanf（"% d"，a）；是非法的，应改为 scanf（"% d"，&a）；才是合法的。

3）在输入多个数值数据时，若格式控制串中没有非格式字符作输入数据之间的间隔则可用空格、TAB 或回车作间隔。C 编译在碰到空格、TAB、回车或非法数据（如对"% d"输入"12A"时，A 即为非法数据）时即认为该数据结束。

4）在输入字符数据时，若格式控制字符串中无非格式字符，则认为所有输入的字符均为有效字符。

四、顺序结构程序设计举例

顺序结构程序设计通常按照问题分析、算法分析、代码设计、运行调试的步骤进行。

顺序结构程序是按语句在程序中出现的顺序逐条执行。在 C 语言中，实现顺序结构的语句有表达式语句、空语句和复合语句。

例1：根据圆的半径可以计算出相应圆的面积。

下面编写程序计算半径是 20 的圆的面积，如图 2 - 4 - 4 所示。

图 2 - 4 - 4　计算圆的
面积流程图

1. 首先确定程序的基本模板

```c
#include<stdio.h>
int main()
{
    //程序代码
    return 0;
}
```

2. 理清程序基本步骤/流程

```c
#include<stdio.h>
int main()
{
    //1.定义浮点类型变量 radius 并赋初值 20,area
    //2.计算半径为 radius 的圆的面积,并存储到变量 area 中
    //3.输出
    return 0;
}
```

3. 完成相应的代码

```c
#include<stdio.h>
int main()
{
    //1.定义浮点类型变量 radius 并赋初值 20,area
    float radius=20.0, area;
    //2.计算半径为 radius 的圆的面积,并存储到变量 area 中
    area=3.14 * radius * radius;
    //3.输出
    printf("半径为%.2f 的圆的面积是%.2f\n", radius, area);
    return 0;
}
```

任务小结

1. C 语言程序设计的三种基本的控制结构：顺序结构、选择结构和循环结构。

2. C 语言的语句类型：表达式语句、函数调用语句、控制语句、空语句和复合语句。

3. 顺序结构：对程序而言，顺序结构就是指按照书写顺序，自上而下顺次执行每一条语句。

4. 格式输出函数（printf 函数）：作用是按格式控制所指定的格式，在标准输出设备上输出、输出项列表中列出的输出项。一般调用格式：printf（"格式控制字符串"，输出表列）。

5. 格式输入函数（scanf）函数：功能是从键盘上输入数据，该输入数据按指定的输入格式被赋给相应的输入项。函数的一般格式：scanf（"格式控制字符串"，地址表列）。

学习任务五
选择结构程序设计

任务描述

在现实生活中，需要进行判断和选择的情况有很多。如：在高速路上的一个岔路口，有两个出口。驾车者需要根据自己的需要，从二者中选择一条路径。然而在 C 语言程序设计中也有选择结构。还曾记得小时候，每当快考试的时候，家长总会说如果你能考得 100 分的话，就会给买个玩具。不难看出这是个判断句，那么在 C 语言中，这种判断语句该如何表达呢？

本任务主要讲解关系运算符与表达式、逻辑运算符与表达式、if 语句、switch 语句等，使同学们理解程序设计的选择结构基本思想，并能够使用选择结构编写简单的程序解决具体问题，培养良好的编程习惯和态度。

学习目标

知识目标

1. 叙述关系运算符和逻辑运算符的优先级关系。
2. 总结关系表达式和逻辑表达式的特点与使用方法。
3. 解释选择结构的含义。
4. 运用 if 语句、switch 语句，完成简单的选择结构程序设计。

素养目标

1. 引导大学生在国家发展和个人前途的交汇点上思考人生，增强政治认同和文化自信。
2. 帮助学生形成正确的价值观。

知识准备

一、关系表达式与逻辑表达式

根据某种条件的成立与否而采用不同的程序段进行处理的程序结构称为选择结构，也称为分支结构。选择结构体现了程序的逻辑判断能力。选择结构是结构化算法中的一种基本结构。实现选择结构的前提是进行关系运算和逻辑判断。

1. 关系运算符

"关系运算"即比较运算，是对两个值进行比较，比较的结果是得到真假两种值。关系运算符在使用时，它的两边都会有一个表达式，比如变量、数值、加减乘除运算等，关系运算符的作用就是判明这两个表达式的大小关系。注意，是判明大小关系，不是其他关系。

C 语言提供了一些关系运算符见表 2-5-1。

表 2-5-1 关系运算符

关系运算符	含义	数学中的表示
<	小于	<
< =	小于或等于	≤
>	大于	>
> =	大于或等于	≥
= =	等于	=
! =	不等于	≠

关系运算符都是双目运算符，其结合性均为左结合。关系运算符的优先级低于算术运算符，高于赋值运算符。在六个关系运算符中，<、< =、>、> =的优先级相同，高于 = =和！=，= =和！=的优先级相同。例如：

```
c > a + b          //运算符由高到低的顺序是 + , >
a > b = = c        //运算符由高到低的顺序是 > , = =
a = = b < c        //运算符由高到低的顺序是 < , = =
a = b > c          //运算符由高到低的顺序是 > , =
```

在 C 语言中，有的运算符有两个操作数，例如 10 + 20，10 和 20 都是操作数，+ 是运算符。我们将这样的运算符称为双目运算符。同理，将有一个操作数的运算符称为单目运算符，将有三个操作数的运算符称为三目运算符。

常见的双目运算符有 +、-、*、/ 等，单目运算符有 ++、--等，三目运算符只有一个，就是 ?。

2. 关系表达式

关系表达式是用关系运算符将两个数值或数值表达式连接起来的式子，如图 2-5-1 所示。

关系运算符的两边可以是变量、数据或表达式，例如：

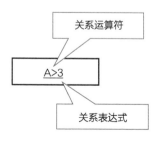

图 2-5-1 关系表达式

```
a + b > c - d
x > 3 / 2
'a' + 1 < c
- i - 5 * j = = k + 1
```

关系运算符也可以嵌套使用，例如：

```
a > (b > c)
a ! = (c = = d)
```

关系表达式的值是一个逻辑值，数学中用"真，假"来表示，C 语言中用 1 和 0 表示。当表达式成立时为 1，否则为 0。例如：

```
5 > 0 成立,其值为 1;
34 - 12 > 100 不成立,其值为 0;
(a = 3) > (b = 5) 由于 3 > 5 不成立,故其值为 0。
```

3. 逻辑运算符

在高中数学中，我们就学过逻辑运算，例如 p 为真命题，q 为假命题，那么"p 且 q"为假，"p 或 q"为真，"非 q"为真。在 C 语言中也有类似的逻辑运算符见表 2 - 5 - 2。

表 2 - 5 - 2 逻辑运算符

运算符	说明	结合性	举例
&&	与运算，双目，对应数学中的"且"	左结合	1&&0、(9 > 3) && (b > a)
‖	或运算，双目，对应数学中的"或"	左结合	1‖0、(9 > 3) ‖ (b > a)
!	非运算，单目，对应数学中的"非"	右结合	! a、! (2 < 5)

（1）逻辑运算符优先级

逻辑运算符的优先级如下：

! （非）→ &&（与）→ ‖（或）   （! 为三者中最高）

逻辑运算符和其他运算符优先级关系可表示为图 2 - 5 - 2 所示。

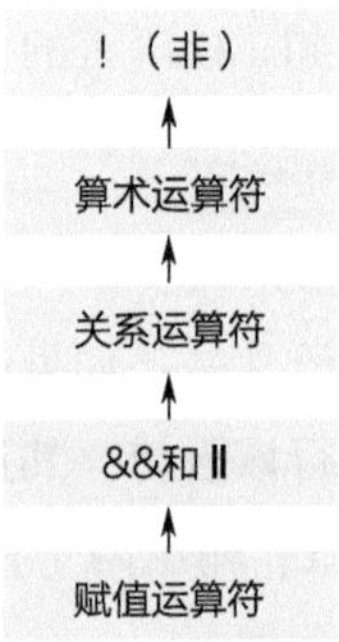

按照运算符的优先顺序可以得出：

a > b && c > d   等价于   (a > b)&&(c > d)

! b = = c ‖ d < a   等价于   ((!b) = = c) ‖ (d < a)

a + b > c&&x + y < b   等价于   ((a + b) > c)&&((x + y) < b)

（2）逻辑运算结果

逻辑运算的值也分为"真"和"假"两种，用"1"和"0"来表示。其求值规则见表 2 - 5 - 3。

! （非）

↑

算术运算符

↑

关系运算符

↑

&& 和 ‖

↑

赋值运算符

图 2 - 5 - 2 运算符的优先顺序

表2-5-3 逻辑运算求值规则

运算符	含义	说明
!	逻辑非	参与运算的表达式为真时，结果为假；参与运算的表达式为假时，结果为真
&&	逻辑与	参与运算的两个表达式都为真时，结果才为真，否则为假
‖	逻辑或	参与运算的两个表达式只要有一个为真，结果就为真；两个表达式都为假时结果才为假

4. 逻辑表达式

逻辑表达式的一般形式为：

<表达式> <逻辑运算符> <表达式>

其中的表达式可以又是逻辑表达式，从而组成了嵌套的情形。例如：（a&&b）&&c。

逻辑表达式的值是式中各种逻辑运算的最后值，以"1"和"0"分别代表"真"和"假"。例如：

```c
#include<stdio.h>
int main() {
    char c='k';
    int i=1, j=2, k=3;
    float x=3e+5, y=0.85;
    int result_1='a'+5<c, result_2=x-5.25<=x+y;
    printf("%d, %d\n", result_1, -i-2*j>=k+1);  //0,0
    printf("%d, %d\n", 1<j<5, result_2);  //1,0
    printf("%d, %d\n", i+j+k==-2*j, k==j==i+5);  //0,1
    return 0;
}
```

二、if 语句

选择结构的程序可以用选择语句来表示。选择语句又称条件语句、分支语句或判断语句。选择语句能使程序在执行过程中，根据不同的结果，选择执行不同的处理。语句的主要形式是 If 语句。C 语言的 if 语句有三种基本形式。

1. if 形式

一般形式：if（表达式）{语句;}

其语义是：如果表达式的值为真，则执行其后的语句，否则不执行该语句，其过程如图2-5-3所示。

例1：输出两个整数中的最大值

编程如下：

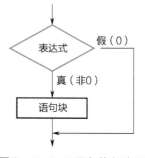

图2-5-3 if 语句执行流程

```
#include < stdio.h >
int main(void)
{
    int a,b;
    printf("input two numbers:    ");
    scanf("% d % d",&a,&b);
    if(a >b)
    {
    printf("max = % d \n",a);
    }
     if(a <b)
    {
    printf("max = % d \n",b);
    }
     return 0;
}
```

2. if else 形式

一般形式：if（表达式）{语句1；} else { 语句2；}

其语义是如果表达式的值为真，则执行语句1，否则执行语句2，其执行过程如图2-5-4所示。

所谓语句块就是由 {} 包围的一个或多个语句的集合。如果语句块中只有一个语句，也可以省略 {}，例如：

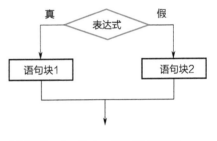

图2-5-4　if else 语句执行流程

```
if( age > =18)
    printf("恭喜,你已经成年,可以使用该软件! \n");
```

else printf （ "抱歉，你还未成年，不宜使用该软件！ \n"）;。

例2：输入两个整数，输出其中的大数。

编程如下：

```
#include < stdio.h >
int main(void)
{
    int a, b;
    printf("input two numbers:    ");
    scanf("% d% d",&a,&b);
    if(a >b)
        printf("max = % d \n",a);
    else
        printf("max = % d \n",b);
    return 0;
}
```

3. if else if 形式

前两种形式的 if 语句一般都用于两个分支的情况。当有多个分支选择时，可采用 if-else-if 语句，其一般形式为：

if(表达式 1) { 语句 1;}
else if(表达式 2) {语句 2;}
…
else if(表达式 n){语句 n;}
else{语句 n + 1;}

其语义是：依次判断表达式的值，当出现某个值为真时，则执行其对应的语句。然后跳到整个 if 语句之外继续执行程序。如果所有的表达式均为假，则执行语句 n + 1。然后继续执行后续程序。if else if 语句的执行过程如图 2 - 5 - 5 所示。

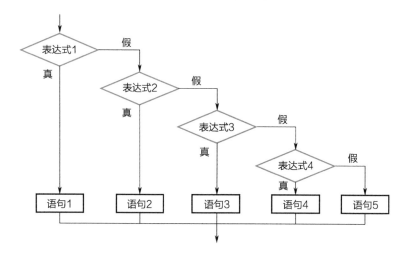

图 2 - 5 - 5　if else if 语句执行过程

例 3：判断字符

编程如下：

```c
#include < stdio.h >
int main(void)
{
    char c;
    printf("input a character:    ");
    c = getchar() ;
    if(c < 32)
        printf("This is a control character \n");
    else if(c > ='0'&&c < ='9')
        printf("This is a digit \n");
```

```
else if(c > = 'A'&&c < = 'Z')
    printf("This is a capital letter \n");
else if(c > = 'a'&&c < = 'z')
    printf("This is a small letter \n");
else
    printf("This is an other character \n");
return 0;
}
```

三、if 语句的嵌套

当 if 语句中的执行语句又是 if 语句时，则构成了 if 语句嵌套的情形。其一般形式可表示如下：

```
if(表达式)
    if 语句;
```

或者为：

```
if(表达式)
    if 语句;
else
    if 语句;
```

在嵌套内的 if 语句可能又是 if-else 型的，这将会出现多个 if 和多个 else 重叠的情况，这时要特别注意 if 和 else 的配对问题。C 语言规定，else 总是与它前面最近的 if 配对。

例如：

```
if(表达式 1)
    if(表达式 2)
        语句 1;
    else
        语句 2;
```

例 4：比较两个数的大小关系。

编程如下：

```
#include < stdio.h >
int main() {
    int a,b;
    printf("Input two numbers:");
    scanf("% d % d",&a,&b);
    if(a! =b){   //! =表示不等于
```

```
        if(a > b) printf("a > b \n");
        else printf("a < b \n");
    }else{
        printf("a = b \n");
    }
    return 0;
}
```

四、switch 语句

C 语言还提供了另一种用于多分支选择的 switch 语句，其一般形式为：

```
switch(表达式){
    case 常量表达式 1：语句 1；
    case 常量表达式 2：语句 2；
    …
    case 常量表达式 n：语句 n；
    default：语句 n + 1；
}
```

其语义是：计算表达式的值，并逐个与其后的常量表达式值相比较，当表达式的值与某个常量表达式的值相等时，即执行其后的语句，然后不再进行判断，继续执行后面所有 case 后的语句。如表达式的值与所有 case 后的常量表达式均不相同时，则执行 default 后的语句，switch 语句的执行过程如图 2 - 5 - 6 所示。

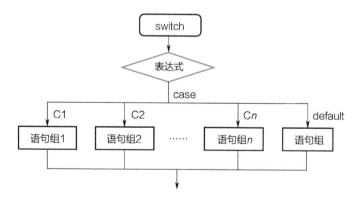

图 2 - 5 - 6　switch 语句的执行过程

在使用 switch 语句时还应注意以下几点：

1）在 case 后的各常量表达式的值不能相同，否则会出现错误。

2）在 case 后，允许有多个语句，可以不用 {} 括起来。

3）各 case 和 default 子句的先后顺序可以变动，而不会影响程序执行结果。

4）default 子句可以省略不用。

5）case 后面至少要有一个空格，常量后面是冒号。

6）（表达式）与常量类型要保持一致。

7）在需要跳出的时候，在语句后面加上 break。

例 5：输入一个数字，输出一个英文单词。

编程如下：

```
#include <stdio.h>
int main(void){
    int a;
    printf("input integer number:        ");
    scanf("% d",&a);
    switch (a){
        case 1:printf("Monday \n");
        case 2:printf("Tuesday \n");
        case 3:printf("Wednesday \n");
        case 4:printf("Thursday \n");
        case 5:printf("Friday \n");
        case 6:printf("Saturday \n");
        case 7:printf("Sunday \n");
        default:printf("error \n");
    }
    return 0;
}
```

运行结果：

```
Input integer number:4↙
Thursday
Friday
Saturday
Sunday
error
```

输入 4，发现和第四个分支匹配成功，于是就执行第四个分支以及后面的所有分支。这显然不是我们想要的结果，我们希望只执行第四个分支，而跳过后面的其他分支。为了达到这个目标，必须在每个分支最后添加 break；语句。

break 是 C 语言中的一个关键字，专门用于跳出 switch 语句。所谓"跳出"，是指一旦遇到 break，就不再执行 switch 中的任何语句，包括当前分支中的语句和其他分支中的语句；也就是说，整个 switch 执行结束了，接着会执行整个 switch 后面的代码。

使用 break 修改上面的代码：

```
#include <stdio.h>
int main() {
    int a;
    printf("Input integer number:");
    scanf("% d",&a);
    switch(a){
        case 1: printf("Monday \n"); break;
        case 2: printf("Tuesday \n"); break;
        case 3: printf("Wednesday \n"); break;
        case 4: printf("Thursday \n"); break;
        case 5: printf("Friday \n"); break;
        case 6: printf("Saturday \n"); break;
        case 7: printf("Sunday \n"); break;
        default:printf("error \n"); break;
    }
    return 0;
}
```

运行结果：

```
Input integer number:4
Thursday
```

任务小结

1. 根据某种条件的成立与否而采用不同的程序段进行处理的程序结构称为选择结构，也称为分支结构。选择结构体现了程序的逻辑判断能力。

2. 对于条件的判断，C 语言采用逻辑值 1 和 0 分别表示真和假。产生这种逻辑值的表达式是关系表达式和逻辑表达式。二者可以统称条件表达式。

3. 关系运算符：<、<=、==、>=、>、!=；结合方向：自左向右。

4. 关系表达式：用关系运算符将两个表达式连接起来的式子，其值是逻辑值 "真" 或 "假"，用 1 和 0 表示。

5. 逻辑运算符：&&（与运算）、||（或运算）、!（非运算）。

6. 逻辑表达式：用逻辑运算符将关系表达式或逻辑量连接起来的式子就是逻辑表达式；逻辑运算的值为 "真" 和 "假" 两种，用 "1" 和 "0" 来表示。

7. C 语言采用 if 语句和 switch 语句描述选择结构。

1）if 语句可分为单分支、双分支和多分支。一般采用 if 语句实现简单的分支结构程序。

2）switch 语句和 break 语句配合可以实现多分支结构程序。

3）嵌套的 if 语句和 siwtch 语句都能设计完成多分支的程序，二者各有特色。对于条件具备规律性的问题，采用 switch 语句效率更高，可读性也更好。

学习任务六
循环结构程序设计

任务描述

　　小明在英语测验的时候，"computer"这个单词写错了，小明为了记住该单词，下狠心要抄写 10 遍，然后小明苦兮兮地抄写了 10 遍。这里我们就可以说小明在循环抄写。如果我们将这种反复不停地执行某个动作称之为循环，那么在 C 语言中，这种循环语句该如何表达呢？

　　本任务主要讲解循环结构的含义、三种循环语句、break 和 continue 语句以及多重循环，使同学们理解程序设计的循环结构基本思想，并能够使用循环结构编写简单的程序解决具体问题。

学习目标

知识目标

1. 叙述关系运算符和逻辑运算符的优先级关系。
2. 总结关系表达式和逻辑表达式的特点与使用方法。
3. 解释选择结构的含义。
4. 运用 if 语句、switch 语句，完成简单的选择结构程序设计。

素养目标

1. 通过循环结构程序设计的学习，来培养学生思维严密的素养和吃苦耐劳的精神。
2. 帮助学生形成正确的价值观。

知识准备

一、循环结构的概念

　　循环结构又称重复结构，是按照一定的条件重复执行某段语句的程序控制结构，分为直到型和当型两种循环结构。它的特点是，在给定条件成立时，反复执行某程序段，直到条件不成立为止。给定的条件称为循环条件，反复执行的程序段称为循环体。C 语言提供了多种循环语句，可以组成各种不同形式的循环结构。

二、while 循环

1. while 语句

while 语句用来构成当型循环，多用于解决循环次数事先不确定的问题。while 语句的一般形式为：

```
while( <循环表达式 >)
{
  循环语句;
  循环变量表达式;
}
```

<循环语句 > 和 <循环变量表达式 > 一起构成循环体语句。

while 语句的语法功能：

1) 计算 <循环表达式 > 的值，若该值为"假"，则跳出循环，执行循环体后面的语句；若该值为"真"，则执行循环体语句。

2) 重复步骤 1) 的操作。

while 语句的执行过程如图 2 – 6 – 1 所示。

while 语句说明：

1) <循环变量表达式 > 不可缺少，其作用是更新计算循环变量的值，使循环能正常结束。

2) 若没有 <循环变量表达式 >，则有可能会使程序出现无限循环而发生错误。

3) 由于 while 循环是先判断 <循环表达式 > 的值，后决定是否执行 <循环体语句 >，因此，<循环体语句 > 有可能一次也没有执行。

2. while 循环程序举例

例 1：用 while 语句计算从 1 加到 100 的值，如图 2 – 6 – 2 所示。

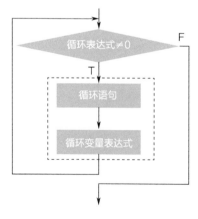

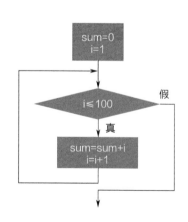

图 2 – 6 – 1　while 语句流程图　　　图 2 – 6 – 2　计算从 1 加到 100 的值

编程如下：

```
#include < stdio.h >
int main()
{
    int i = 1,sum = 0;  //定义变量 i 的初值为 1,sum 的初值为 0
    while(i < 100)  //当 i > 100,条件表达式 ≤100 的值为假,不执行循环体
    {                //循环体开始
    sum = sum + i;         //第一次累加后,sum 的值为 1,
    i + +;  //加完后,i 的值加 1,为下次累加做准备
    }          //循环体结束
    printf("sum = % d \n",sum);     //输出 1 + 2 + 3… + 100 的累加和
    return 0;
}
```

三、do-while 循环

1. do-while 语句

do-while 语句用来构成直到型循环，多用于循环次数事先不确定的问题。

1）do-while 语句的一般形式为：

```
do
{
<循环体语句 >
}
while( <条件表达式 >);
```

2）do-while 语句的语法功能。

①执行 <循环体语句 >。

②计算 <条件表达式 >。

a. 若该表达式的值为"真"，则执行步骤"a."；

b. 若该表达式的值为"假"，则退出循环语句结构。注意：要避免无限循环而发生错误。

3）do-while 语句的流程图如图 2 - 6 - 3 所示。

2. do-while 循环程序举例

例 2：用 do-while 语句计算从 1 加到 100 的值，如图 2 - 6 - 4 所示。

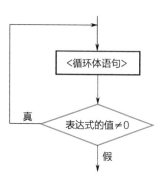
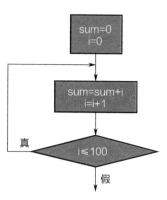

图 2-6-3 do-while 语句流程图 　图 2-6-4 do-while 语句计算从 1 加到 100 的值

编程如下：

```
#include<stdio.h>
int main()
{
    int i =1,sum =0;
    do
    {
        sum = sum + i;
        i + +;
    }while(i < =100);
    printf("sum = % d\n",sum);
    return 0;
}
```

3. while 与 do-while 的比较

while：先判断后执行。

do-while：先执行后判断，语句中的循环体至少要被执行一次。

当 while 后面的表达式的第一次的值为真时，两种循环得到的结果相同；否则，二者结果不相同，如图 2-6-5 所示。

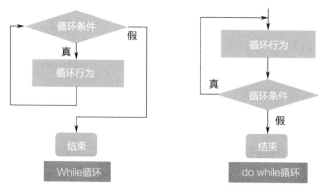

图 2-6-5 while 循环与 do-while 循环的比较

四、for 循环

1. for 语句

for 语句是一种计数循环。循环次数由循环变量来控制。可以用于循环次数已经确定的情况，也可以用于循环次数不确定而给出了循环结束条件的情况。

1）for 语句的一般形式为：

```
for( <初始表达式 > ; <条件表达式 > ; <循环体表达式 > )
{
    <循环体语句 >
}
```

①初始表达式——初始化循环控制变量。

②条件表达式——测试循环条件。

③循环体表达式——更新循环控制变量的值。

2）for 语句的语法功能。

①计算 <初始表达式 > 的值。该表达式是对循环控制变量进行初始化。

②判断 <条件表达式 > 的值。该表达式就是循环条件，若该表达式的值为"真"，则执行 <循环体语句 >；若该表达式的值为"假"，则退出循环，执行循环结构外的语句。

③计算 <循环表达式 > 的值。该表达式更新循环控制变量的值。

④转至下一步骤。

3）for 语句的流程图如图 2 - 6 - 6 所示。

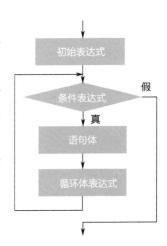

图 2 - 6 - 6　for 语句执行过程

2. for 循环程序举例

例 3：用 for 语句计算从 1 加到 100 的值。

编程如下：

```
#include < stdio.h >
int main()
{
    int i = 1,sum = 0;
    for( i = 1;i < = 100;i + + )
        sum = sum + i;
        printf("% d \n",sum);
    return 0;
}
```

注意：

1）若 < 循环体语句 > 中有多条语句，则构成复合语句，被包含在一对花括号中。

2）若 < 循环体语句 > 只有一条，可以不使用花括号。

五、循环的嵌套

一个循环体内又包含另一个完整的循环结构，称为循环的嵌套。内嵌的循环中还可以嵌套循环，这就是多层循环。3 种循环（while 循环、do-while 循环和 for 循环）可以互相嵌套。

例 4：编写程序，在屏幕上输出阶梯形式的乘法口诀表。

分析乘法口诀表可以由 9 行 9 列来表示，可用 i 代表行，j 代表列。

编程如下：

```c
#include < stdio.h >
int main() {
    int i,j;
    for(i =1;i < =9;i + +){
        for(j =1;j < =i;j + +){
            printf("% d * % d = % d \t",j,i,i * j);
        }
        printf("\n");
    }
    return 0;
}
```

六、循环辅助语句

1. break 语句

break 语句可用于分支结构和循环语句结构，作用是跳出当前的控制结构。break 语句的一般形式为：

```c
break;
```

在循环语句中，要谨慎使用 break 语句。常用于循环语句体内某一个 if 条件分支的语句中，用来表示在循环过程中满足某一条件时，结束循环，如图 2 - 6 - 7 所示。

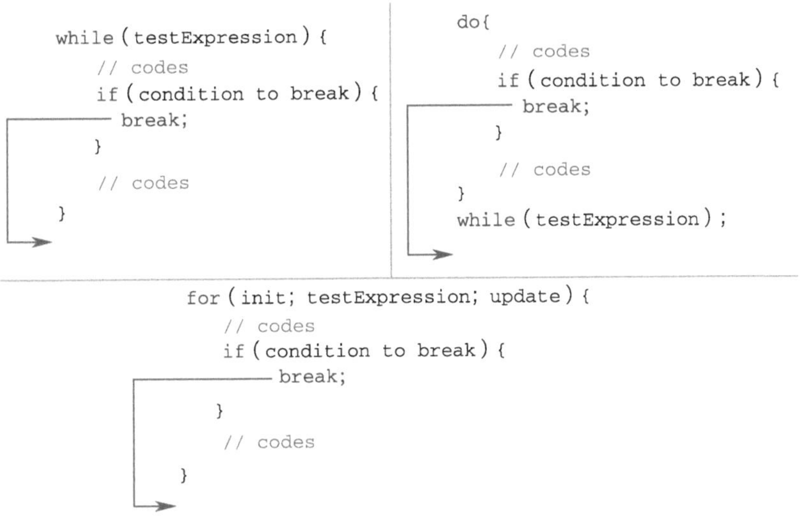

```
while(testExpression){
    // codes
    if(condition to break){
        break;
    }
    // codes
}
```

```
do{
    // codes
    if(condition to break){
        break;
    }
    // codes
}
while(testExpression);
```

```
for(init; testExpression; update){
    // codes
    if(condition to break){
        break;
    }
    // codes
}
```

图 2-6-7　break 语句在循环语句中的应用

例 5：编写程序，求圆面积在 100m² 以内的半径，输出所有满足条件的半径值和圆面积的值，并输出第 1 个面积大于 100m² 的圆半径和圆面积（只考虑半径值为整数的情况）。

分析：计算圆面积的表达式为 πr^2。

1）依次取半径为 1，2，3…，循环计算圆的面积 area。

2）当 area > 100 时结束。

编程如下：

```
#include <stdio.h>
int main(){
    double pi =3.14159,area;
    int r;
    printf("面积在100m² 以内的圆半径和圆面积,\n");
    printf("半径\t 面积\n");
    for(r =1;r <=10;r ++){
        area =pi *r *r;
        if(area >100)
            break;
        printf("r =% d\tarea =% .2f\n",r,area);
    }
    printf("第1个面积大于100m² 的圆半径和面积为:\nr =% d\t area =% .2f\n",r,pi *r *r);
    return 0;
}
```

2. continue 语句

continue 语句的作用是跳过本次循环体中余下的尚未执行的语句，立即进行下一次的循环条件判定，可以理解为仅结束本次循环，提前进入下一轮循环。continue 语句的一般形式为：

```
continue;
```

注意：

1）continue 语句不会跳出循环结构，而是提前进行下一个循环。

2）while 语句和 do_while 语句遇到 continue 时，程序会立刻转到条件表达式，开始下一轮循环；而在 for 语句中遇到 continue 时，程序会立刻转到＜循环表达式＞，更新循环变量，开始下一轮循环。

例6：把 100～200 范围内不能被 3 整除的数输出。

分析：对任意正整数 n，若 n%3≠0，则输出该数 n；如果 n%3＝0，则不输出该数 n，如图 2－6－8 所示。

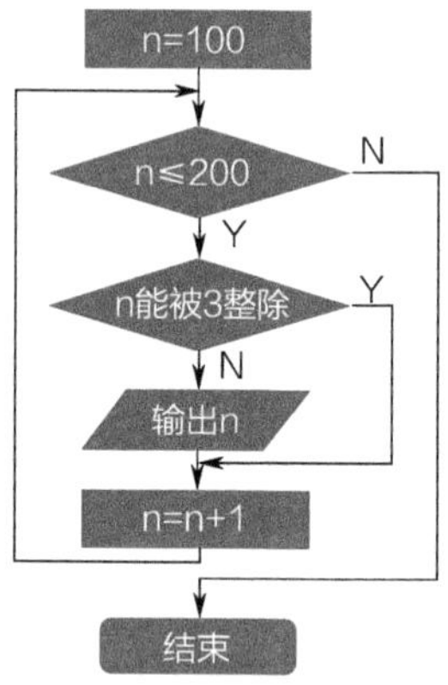

编程如下：

图 2－6－8　把 100～200 范围
内不能被 3 整除的数输出

```
#include <stdio.h>
int main()
{   int n;
    for(n =100;n < =200;n + +)
    {   if(n% 3 = =0)
        continue;
        printf("% d ",n);
    }
    printf(" \n");
    return 0;
}
```

任务小结

1. 循环就是重复地执行的一组指令或程序段。需反复执行的程序段称为循环体，控制循环进行的变量称为循环变量。

2. while 循环实现当型循环；一般格式为：

```
while(表达式)循环体
```

3. do-while 循环又称直到型循环，它的一般格式为：

```
do    循环体
while(表达式);
```

4. for 循环实现次数控制的循环，一般格式为：

```
for(表达式1;表达式2;表达式3) 循环体
```

5. 循环嵌套指在一个循环体内还可以包含另一个完整的循环语句。前面介绍的三类循环都可以互相嵌套，循环的嵌套可以多层，但每一层循环在逻辑上必须完整。

6. break 语句和 continue 语句对循环控制的影响是不同的：break 语句是结束整个循环过程，不再判断执行循环的条件是否成立；而 continue 语句只结束本次循环，并不终止整个循环的执行。

学习任务七
函数

任务描述

如果把编程比成制造一台机器，函数就好比其零部件。可将这些"零部件"单独设计、调试、测试好，使用时拿出来装配，再整体调试。这些"零部件"可以是自己设计制造、别人设计制造或者现在的标准产品。在 C 程序设计中，通常将一个大程序分成几个子程序模块（自定义函数），将常用功能做成标准模块（标准函数）放在函数库中供其他程序调用。使用函数便于实现模块化设计，便于团队开发，便于使用现有的或别人的程序模块提高编程效能。

本任务主要讲解函数的概念与类型、用户函数的定义与调用、函数的参数和返回值、函数的调用方式与函数原型、变量的作用域和生存期，使同学们掌握函数的基本概念和基本应用方法、能够根据程序需要进行函数的定义和调用，能够合理使用参数的设计。

学习目标

知识目标

1. 说出函数的概念与类型。
2. 归纳用户函数的定义与调用方法。
3. 举例说明函数的参数和返回值。
4. 归纳函数的调用方式与函数原型。
5. 总结变量的作用域和生存期。

素养目标

1. 通过教学内容，引入竞争机制，形成培育和弘扬社会主义核心价值观的课堂情景和氛围。
2. 培养学生养成勤学慎思，刻苦钻研，具有爱国情怀，用辩证的观点去分析解决计算机编程问题。

知识准备

一、函数的概念与类型

1. 函数的概念

函数就是一段可以重复调用的、功能相对独立完整的程序模块，可以定义自己的变量（仅在本函数内有效），变量拥有自己的存储空间。可以被其他函数或自身调用（主函数除外）。

函数是程序的基本组成单位，可以用函数作为程序模块来实现 C 语言程序。利用函数不仅可以使程序模块化，而且可以使程序设计得简单和直观，提高程序的可读性和可维护性。还可以把程序中的一些计算编成通用函数，以供随时使用。

2. 函数的类型

1）从用户使用的角度看，函数有两种类型，分别为标准库函数和用户自己定义的函数。

①标准库函数：在 C 头文件中声明的函数，分为 I/O 函数、字符串、字符处理函数、数学函数、接口函数、时间转换和操作函数、动态地址分配函数、目录函数、过程控制函数、字符屏幕和图形功能函数。

这些库函数在不同的头文件中声明。比如：

math. h 头文件中有：$\sin(x)$、$\cos(x)$、$\exp(x)$（求 e^x）、$\text{fabs}(x)$（求 x 的绝对值）等库函数。

stdio. h 头文件中有：scanf()、printf()、gets()、puts()、getchar()、putchar() 等库函数。

string. h 头文件中有：strcmp()、strcpy()、strcat()、strlen 等库函数。

②用户定义的函数：C 程序员自定义的函数，我们可以多次使用它。它降低了大型程序的复杂性并优化了代码。

2）函数可以接收用户传递的数据，也可以不接收。接收用户数据的函数在定义时要指明参数，不接收用户数据的不需要指明，根据这一点可以将函数分为有参函数和无参函数。

二、函数的定义与调用

函数定义即函数的实现，是对所要完成功能的操作进行描述的过程，包括函数命名和返回值类型声明、形式参数的类型说明、变量说明和一系列操作语句等。函数和变量一样，必须"先定义，后使用"。

1. 无参函数的定义

所谓无参函数，是指在主调函数调用被调函数时，主调函数不向被调函数传递数据。无参函数一般用来执行特定的功能，可以有返回值，也可以没有返回值，但一般以没有返回值居多。定义无参函数的一般形式：

类型标识符 函数名(){声明部分 语句}

1）类型标识符是返回值类型，它可以是 C 语言中的任意数据类型，例如 int、float、char 等。

2）函数名是标识符的一种，命名规则和标识符相同。函数名后面的括号（）不能少。

3）函数体是函数需要执行的代码，是函数的主体部分。即使只有一个语句，函数体也要由 {} 包裹。

4）如果有返回值，在函数体中使用 return 语句返回。return 出来的数据的类型要和类型标识符一样。

例如，定义一个函数，计算从 1 加到 100 的结果。

编程如下：

```c
int sum() {
    int i, sum = 0;
    for(i = 1; i < =100; i + +){
        sum + = i;
    }
    return sum;
}
```

累加结果保存在变量 sum 中，最后通过 return 语句返回。sum 是 int 型，返回值也是 int 类型，它们一一对应。return 是 C 语言中的一个关键字，只能用在函数中，用来返回处理结果。

将上面的代码补充完整：

```c
#include < stdio.h >

int sum() {
    int i, sum = 0;
    for(i = 1; i < =100; i + +){
        sum + = i;
    }
    return sum;
}

int main() {
    int a = sum() ;
    printf("The sum is % d \n", a);
    return 0;
}
```

　　C 语言不允许函数嵌套定义，也就是说，不能在一个函数中定义另外一个函数，必须在所有函数之外定义另外一个函数。main( ) 也是一个函数定义，也不能在 main( ) 函数内部定义新函数。所以要将 sum 函数的定义放在 main 函数外面。函数必须先定义后使用，所以 sum 函数的定义要放在 main 前面。

　　无返回值函数：有的函数不需要返回值，或者返回值类型不确定（很少见），那么可以用 void 表示，例如：

```
void hello() {
    printf ("Hello,world \n");
    //没有返回值就不需要 return 语句
}
```

　　void 是 C 语言中的一个关键字，表示"空类型"或"无类型"，绝大部分情况下也就意味着没有 return 语句。

2. 有参函数的定义

　　有参函数，是指在主调函数调用被调函数时，主调函数通过参数向被调函数传递数据。在一般情况下，有参函数在执行被调函数时会得到一个值并返回给主调函数使用。定义有参函数的一般形式为：

函数类型 函数名(参数类型 1 参数名 1，参数类型 2 参数名 2，··; 参数类型 n 参数名 n)
{
　　声明部分
　　语句部分
}

　　参数本质上也是变量，定义时要指明类型和名称。与无参函数的定义相比，有参函数的定义仅仅是多了一个参数列表。数据通过参数传递到函数内部进行处理，处理完成以后再通过返回值告知函数外部。

　　例如：

```
# include <stdio.h>
int main(void)
{
    int Max( int x, int y);   //对 Max 函数的声明,x、y 称为形参
    int a =1, b =2;
    printf("max = % d\n", Max(a, b));   //a、b 称为实参
    return 0;
}
//定义 Max 函数
int Max( int x, int y)
```

```
{
    int z;   //函数体中的声明部分
    if (x > y)   //下面是语句部分
    {
        z = x;
    }
    else
    {
        z = y;
    }
    return (z);   //返回 z 的值给主调函数使用
}
```

这个程序分两个部分，一个是主函数 main，另一个是自定义的函数 Max。Max 函数在主函数 main 的下面，它有两个参数，它的功能是求出 x 和 y 二者中的最大值。

三、函数的参数和返回值

1. 函数的参数

在函数定义中出现的参数可以看作是一个占位符，它没有数据，只能等到函数被调用时接收传递进来的数据，所以称为形式参数，简称形参。

函数被调用时给出的参数包含了实实在在的数据，会被函数内部的代码使用，所以称为实际参数，简称实参。

C 语言中，实参变量和与其对应的形参变量各自占用独立的存储单元。形参和实参的功能是传递数据，发生函数调用时，实参的值会传递给形参。

形参和实参有以下几个特点：

1）形参变量只有在函数被调用时才会分配内存，调用结束后，立刻释放内存，所以形参变量只有在函数内部有效，不能在函数外部使用。

2）实参可以是常量、变量、表达式、函数等，无论实参是何种类型的数据，在进行函数调用时，它们都必须有确定的值，以便把这些值传送给形参，所以应该提前用赋值、输入等方法使实参获得确定值。

3）实参和形参在数量上、类型上、顺序上必须严格一致，否则会发生"类型不匹配"的错误。当然，如果能够进行自动类型转换，或者进行了强制类型转换，那么实参类型也可以不同于形参类型。

4）函数调用中发生的数据传递是单向的，只能把实参的值传递给形参，而不能把形参的值反向地传递给实参；换句话说，一旦完成数据的传递，实参和形参就再也没有瓜葛了，所以，在函数调用过程中，形参的值发生改变并不会影响实参。例如：

```
#include<stdio.h>

//计算从1加到n的值
int sum(int n){
    int i;
    for(i=n-1;i>=1;i--){
        n+=i;
    }
    printf("The inner n=%d\n",n);
    return n;
}

int main(){
    int m,total;
    printf("Input a number: ");
    scanf("%d",&m);
    total=sum(m);
    printf("The outer m=%d \n",m);
    printf("1+2+3+...+%d+%d=%d\n",m-1,m,total);
    return 0;
}
```

运行结果:

Input a number: 100

The inner n=5050

The outer m=100

1+2+3+...+99+100=5050

通过 scanf 输入 m 的值, 作为实参, 在调用 sum() 时传送给形参 n。从运行情况看, 输入 m 值为 100, 即实参 m 的值为 100, 把这个值传给函数 sum 时, 形参 n 的初始值也为 100, 在函数执行过程中, 形参 n 的值变为 5050。函数运行结束后, 输出实参 m 的值仍为 100, 可见实参的值不随形参的变化而变化。

2. 函数的返回值

函数的返回值是指函数被调用之后, 执行函数体中的代码所得到的结果, 这个结果通过 return 语句返回。return 语句将被调用函数中的一个确定值返回给主调函数。

C 语言规定, 函数返回值的类型是由函数首部定义的类型决定。函数返回值应与首部定义的类型一致, 如若不一致, 则自动将返回值强制转换为函数首部定义的类型。没有定义类型时默认为 int 型。

return 语句的一般形式为:

return 表达式;

或者:

return(表达式);

有没有 ( ) 都是正确的, 为了简明, 一般也不写 ( )。例如:

```
return max;
return a + b;
return (100 + 200);
```

C 语言返回值的说明如下:

1) 没有返回值的函数为空类型, 用 void 表示。例如:

```
void func() {
    printf("Hello world \n");
}
```

一旦函数的返回值类型被定义为 void, 就不能再接收它的值了。例如, 下面的语句是错误的。

```
int a = func();
```

为了使程序有良好的可读性并减少出错, 凡不要求返回值的函数都应定义为 void 类型。

2) return 语句可以有多个, 可以出现在函数体的任意位置, 但是每次调用函数只能有一个 return 语句被执行, 所以只有一个返回值。例如:

```
//返回两个整数中较大的一个
int max( int a, int b) {
    return (a > b) ? a : b;
    printf("Function is performed \n");
}
```

如果 a > b 成立, 就执行 return a, return b 不会执行; 如果不成立, 就执行 return b, return a 不会执行。

3) 函数一旦遇到 return 语句就立即返回, 后面的所有语句都不会被执行了。从这个角度看, return 语句还有强制结束函数执行的作用。例如:

```
//返回两个整数中较大的一个
int max( int a, int b) {
    return (a > b) ? a : b;
    printf("Function is performed \n");
}
```

第 4 行代码就是多余的, 永远没有执行的机会。

四、函数的调用方式与函数原型

函数的调用方式与函数原型的使用请扫码查看。

五、变量作用域和生存期

变量作用域和生存期介绍请扫码查看。

任务小结

1. 函数的概念：一段可以重复调用的、功能相对独立完整的程序模块。

2. 函数的类型

1）从用户角度看：库函数、用户自定义的函数。

2）从形式上看：无参函数、有参函数。

3. 函数的定义：对所要完成功能的操作进行描述的过程，包括函数命名和返回值类型声明、形式参数的类型说明、变量说明和一系列操作语句等。

4. 函数的参数包括形参和实参（可以是常量、变量、表达式）。

5. 函数的调用方式包括表达式语句调用函数、函数语句调用函数以及函数实参调用函数。

6. 函数声明的作用是把函数的返回值类型、函数名、函数参数的个数和类型等信息通知编译系统，以便在遇到函数调用时，编译系统能识别该函数并检查调用是否合法。

7. 变量的作用域是指可以存取变量的代码范围，包括 extern（外部的）、static（静态的）、auto（自动的）三种。

8. 变量的生存期是指可以存取变量的时间范围，包括 extern 和 static 变量的生存期、函数参数和 auto 变量的生存期、动态分配的数据的生存期。

复习题

1. 判断题

（1）循环体如包括有一个以上的语句，则必须用 {} 括起来，组成复合语句。 （　　）

（2）C 语言中规定在一个源程序中 main 函数的位置必须在最开始。 （　　）

（3）自增运算符（++）或自减运算符（--）只能用于变量，不能用于常量或表达式。 （　　）

（4）C 语言标准格式输入函数 scanf（）的参数表中可以不使用变量的地址值。 （　　）

（5）switch 语句中必须有 break 语句，否则无法退出 switch 语句。 （　　）

（6）do-while 循环至少要执行一次循环语句。 （　　）

（7）C 语言的三种循环不可以互相嵌套。　　　　　　　　　　　（　　）

（8）break 可用于循环体中，不可用于 switch 语句中。　　　　　（　　）

（9）自增运算符（++）或自减运算符（--）只能用于变量，不能用于常量或表达式。
　　　　　　　　　　　　　　　　　　　　　　　　　　　　　（　　）

（10）形参变量只在函数内部有效，不能在函数外部使用。　　　　（　　）

2. 选择题

（1）下列说法中正确的是（　　）。

　　A. C 程序书写时，不区分大小写字母

　　B. C 程序书写时，一行只能写一个语句

　　C. C 程序书写时，一个语句可分成几行书写

　　D. C 程序书写时每行必须有行号

（2）以下正确的说法是：在 C 语言中，下列哪种说法是正确的（　　）。

　　A. 实参变量和与其对应的形参变量各占用独立的存储单元

　　B. 实参变量和与其对应的形参变量共占用同一个存储单元

　　C. 当实参变量和对应的形参变量同名时，才占用相同的存储单元

　　D. 形参变量是虚拟的，不占用存储单元

（3）下列程序段的输出结果是（　　）。

```
int a =1234;
float b =123.456;
double c =12345.54321;
printf("%2d,%3.2f,%4.1f",a,b,c);
```

　　A. 无输出　　　　　　　　　　　　B. 12、123.46、12345.5

　　C. 1234、123.46、12345.5　　　　 D. 1234、123.45、1234.5

（4）设有定义：int a =3，b =4，c =5；则语句 printf（"%d\n"，a +b >c&&b = =c）；
　　的输出结果是（　　）。

　　A. 1　　　　　　　B. 0　　　　　　　C. -1　　　　　　D. 2

（5）下列说法中正确的是（　　）。

　　A. break 用在 switch 语句中，而 continue 用在循环语句中。

　　B. break 用在循环语句中，而 continue 用在 switch 语句中。

　　C. break 能结束循环，而 continue 只能结束本次循环。

　　D. continue 能结束循环，而 break 只能结束本次循环。

（6）有以下函数定义：void fun（int n，double x）{……}。
　　若以下选项中的变量都已正确定义并赋值，则对函数 fun 的正确调用语句
　　是（　　）。

　　A. fun（int y，double m）；　　　　　B. k =fun（10，12.5）；

　　C. fun（x，n）；　　　　　　　　　　D. void fun（n，x）；

（7）一个 C 程序的执行是从（　　　）。

    A. 本程序的 main 函数开始，到 main 函数结束

    B. 本文件第一个函数开始，到本文件的最后一个函数结束

    C. 本程序的 main 函数开始，到本文件的最后一个函数结束

    D. 本文件的第一个函数开始，到本文件的 main 结束

（8）以下说法不正确的是（　　　）。

    A. 一个 C 源程序可由一个或多个函数组成

    B. 一个 C 程序必须包含一个 main 函数

    C. C 程序的基本组成单位是函数

    D. 在 C 程序中，注释说明只能位于一条语句的后面

（9）C 语言规定，函数返回值的类型是由（　　　）。

    A. return 语句中的表达式类型所决定

    B. 由被调用函数的类型所决定

    C. 由主调函数中的实参数据类型所决定

    D. 由被调函数中的形参数据类型所决定

（10）在 Qt Creator 中，创建界面的基类包括（　　　）。

    A. QMainWindow　　　　　　B. QWidget

    C. QDialog　　　　　　　　D. QLable

智能网联汽车
计算机基础

PROJECT

项目三
C 语言进阶

- 学习任务一　数组
- 学习任务二　指针
- 学习任务三　结构体与共用体
- 学习任务四　字符与字符串处理

学习任务一
数组

任务描述

生活中我们经常会用到容器，比如我们去超市购物需要使用购物袋装购买的商品。同样，我们在程序中也需要容器，只不过该容器有点特殊，它在程序中是一块连续的，大小固定并且里面的数据类型一致的内存空间，它还有个好听的名字叫数组。可以将数组理解为大小固定，所放物品均为同类的一个购物袋，并且在该购物袋中的物品是按一定顺序放置的。

本任务主要讲解数组的定义、初始化赋值与引用，使同学们了解数组的基本概念，掌握一维与二维数组定义、初始化赋值及元素引用的方法，并了解跟数组有关的选择排序算法，在程序设计中能够灵活应用数组。

学习目标

知识目标

1. 说出数组的基本概念。
2. 归纳一维数组定义、初始化赋值及元素引用的方法。
3. 归纳二维数组定义、初始化赋值及元素引用的方法。
4. 运用选择排序算法，完成简单的计算程序。

素养目标

1. 培养解决问题和创造新知识的科学素养。
2. 通过课堂学习内容来培养积极进取、刻苦钻研锻炼的学练态度，培养学生执着专注、作风严谨、精益求精、敬业守信、推陈出新等大国工匠精神。

知识准备

一、数组的概念

关于数组我们可以把它看作是一个类型的所有数据的一个集合，并用一个数组下标来区分或指定每一个数，例如一个足球队通常会有几十个人，但是我们认识他们的时候首先会把他们看作是某某队的成员，然后再利用他们球衣上的号码来区分每一个队员，这时候，球队就是一个数组，而号码就是数组的下标，当我们指明是几号队员的时候就可以找到这个队员。

同样，在编程中如果我们有一组相同数据类型的数据，例如有 10 个数字，这时候如果我们要用变量来存放它们的话，就要分别使用 10 个变量，而且要记住这 10 个变量的名字，这会十分的麻烦，这时候我们就可以用一个数组变量来存放他们，使用数组会让程序变得简单，而且避免了定义多个变量的麻烦。

数组是同一数据类型的有序数据的集合。构成数组的单元称为数组元素，数组元素的序号称为数组下标，数组的维数是数组元素下标的个数，如图 3 - 1 - 1 所示。

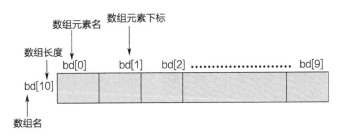

图 3 - 1 - 1 数组

根据数组的维数可以将数组分为一维、二维、三维、多维数组。本任务主要讲解一维数组与二维数组，一维数组和二维数组的区别是一维数组中每个元素都只带有一个下标，其本质上是一组相同类型数据的线性集合，而二维数组中每个元素都可以作为一个数组，本质就是以数组作为数组元素的数组。

二、一维数组

1. 一维数组的定义

一维数组用以储存一位数列中数据的集合。使用数组必须先进行定义，一维数组的一般形式如下：

类型说明符 数组名 [常量表达式]；

其中：

1）类型说明符是任一种基本数据类型或构造数据类型。

2）数组名是用户定义的数组标识符。

3）方括号中的常量表达式表示数据元素的个数，也称为数组的长度。

例如：

```
int a[10]; //说明整型数组 a,有 10 个元素
float b[10],c[20]; //说明实型数组 b,有 10 个元素;实型数组 c,有 20 个元素
char ch[20]; //说明字符数组 ch,有 20 个元素
```

对于数组类型说明应注意以下几点：

1）对于同一个数组，其所有元素的数据类型必须都是相同的。

2）数组名的书写规则应符合标识符的书写规定。

3）数组名不能与其他变量名相同。

例如：

```
int a;
float a[10];
```

是错误的。

4）方括号中常量表达式表示数组元素的个数，如 a［5］表示数组 a 有 5 个元素，但是其下标从 0 开始计算，因此 5 个元素分别是 a［0］，a［1］，a［2］，a［3］，a［4］。

5）不能在方括号中用变量表示元素的个数，但是可以是符号常数或常量表达式。

例如：

```
#define FD 5
//...
int a[3 + 2],b[7 + FD];
```

是合法的。但是下述说明方式是错误的。

```
int n = 5;
int a[n];
```

6）允许在同一个类型说明中，说明多个数组和多个变量，例如：

```
int a,b,c,d,a1[10],a2[20];
```

2. 一维数组的引用

数组定义完成后，就要使用该数组。可以通过引用数组元素的方式使用该数组中的元素。数组元素是组成数组的基本单元。数组元素也是一种变量，其标识方法为数组名后跟一个下标，下标表示元素在数组中的顺序号。数组元素的一般表示形式如下：

数组名［下标］；

例如：

```
int a[10];      //定义了有 10 个数组元素的数组 a
a[2];           //应用数组 a 中下标为 2 的元素
```

数组元素通常也称为下标变量。必须先定义数组，才能使用下标变量。在 C 语言中只能逐个地使用下标变量，而不能一次引用整个数组。

例 1： 使用数组保存数据。

```
#include <stdio.h>
int main() {
    int a[5],b;
    printf("Please enter a Array:\n");
    for(b=0;b<5;b++) {//使用 for 循环依次输入数到数组
        scanf("%d",&a[b]);
    }
    printf("The Array is:\n");
    for(b=0;b<5;b++) {//使用 for 循环依次输出数组
        printf("%d",a[b]);
    }
    Printf("\n");//添加换行符以完成输出
    return 0;
}
```

3. 一维数组的初始化

对一维数组的初始化，可以使用以下三种方法实现。

1）在定义数组时直接对数组元素赋初值，一般形式为：

类型说明符 数组名[常量表达式] = {值、值……值}；

例如：int a [8] = {0, 1, 2, 3, 4, 5, 6, 7}；

这种方法是将数组中的元素值一次性放在一对花括号中。经过上面的定义和初始化后，数组中的元素 a [0] =0，a [1] =1，a [2] =2。

例 2： 初始化一维数组。

```
#include <stdio.h>
int main() {    int a;
    int n=20;
    int b[5]={5,15,6,n,65};//数组赋值可以是变量
    for(a=0;a<5;a++) {
        printf("%d ",b[a]);
    }
    return 0;
}
```

2）只给一部分元素赋值，未赋值的部分元素值为 0。

int a[5]={5,8};

数组变量 a 包含 5 个元素，不过在初始化的时候只给出了 2 个值，于是数组中前 2 个元素的值对应括号中给出的值，在数组中没有得到值的元素被默认赋值为 0。

例3：赋值数组中的部分元素。

```
#include <stdio.h>
int main() {
    int a;
    int b[5] = {5,15};  //数组初始化,其余元素将自动初始化为0
    for(a = 0;a < 5;a + +) {
        printf("% d ",b[a]);
    }
    return 0;
}
```

3）在对全部数组元素赋初值时可以不指定数组长度。

之前在定义数组时，都在数组变量后指定了数组的元素个数。C 语言还允许在定义数组时不必指定长度，例如：

```
int a[ ] = {1,2,3,4};
```

上述代码中大括号中有 4 个元素，系统就会根据给定的初始化元素值的个数来定义数组的长度。因此该数组变量的长度为 4。

例4：不指定数组元素的个数。

```
#incldue <stdio.h>
int main() {
    int a;
    int b[ ] = {1,2,3,4,5};  //正确声明并初始化数组 b
    for(a = 0;a < 5;a + +) {
        printf("% d ",b[a]);
    }
    printf("\n");  //添加换行符以完成输出
    return 0;
}
```

4. 一维数组程序举例

例5：用选择排序法对一组数据由小到大进行排序。

int a [10] = {6, 10, 9, 5, 11, 13, 3, 4, 1, 2};

解析：选择排序法是编程中经常用的一种排序算法。具体如下：

1）第一趟，从 N 个元素中找出最小者，与第 1 个元素进行交换位置。

2）第二趟，从剩下的 N-1 个元素中，找出最小的元素，与第 2 个数进行交换位置。

3）依此类推，选择 N-1 次后，所有的元素都已按照从小到大的顺序排列，每次操作都选择最小的元素与排头元素位置相交换。

4）最后，数组中的数据呈升序排列（相对于数组元素下标）。

编程如下：

```
#include <stdio.h>
int main()
{
    int i,j,t;
    int a[10] = {6,10,9,5,11,13,3,4,1,2};
    for(i = 0;i < 10;i ++)
    { for(j = i +1;j < 10;j ++)
        if(a[j] < a[i])
        {
            t = a[j];
            a[j] = a[i];
            a[i] = t;
        }
    }
    for(i = 0;i < 10;i ++)
    printf("% d ",a[i]);
    return 0;
}
```

三、二维数组

一维数组只有一个下标，其数组元素也称为单下标变量。在实际问题中有很多量是二维的或多维的，因此 C 语言允许构造多维数组。多维数组元素有多个下标，以标识它在数组中的位置，所以也称为多下标变量。

1. 二维数组的定义

二维数组定义的一般形式是：

数据类型 数据名[常量表达式 1][常量表达式 2];

其中，"常量表达式 1" 被称为行下标，"常量表达式 2" 被称为列下标。如果有二维数组 a[m][n]，则二维数组的下标取值范围如下：

列下标的取值范围 $0 \sim [n-1]$；

行下标的取值范围 $0 \sim [m-1]$；

二维数组的最大下标元素是 $a[n-1][m-1]$。

例如，定义一个 3 行 4 列的整型数据

```
int a[3][4];
```

说明了一个三行四列的数组，数组名为 a，其下标变量的类型为整型。该数组的下标变量共有 3×4 个，即：

$$a[0][0], a[0][1], a[0][2], a[0][3]$$
$$a[1][0], a[1][1], a[1][2], a[1][3]$$
$$a[2][0], a[2][1], a[2][2], a[2][3]$$

二维数组在概念上是二维的，即是说其下标在两个方向上变化，下标变量在数组中的位置也处于一个平面之中，而不是像一维数组只是一个向量。但是，实际的硬件存储器却是连续编址的，也就是说存储器单元是按一维线性排列的。如何在一维存储器中存放二维数组，有两种方式：一种是按行排列，即放完一行之后依次放入第二行。另一种是按列排列，即放完一列之后再依次放入第二列。

在 C 语言中，二维数组是按行排列的。即，先存放 a[0] 行，再存放 a[1] 行，最后存放 a[2] 行。每行中有四个元素也是依次存放。由于数组 a 说明为 int 类型，该类型占两个字节的内存空间，所以每个元素均占有两个字节。

2. 二维数组元素的引用

二维数组的元素也称为双下标变量，其表示的形式为：

数组名[下标][下标];

注：二维数组的下标可以是整型常量或整型表达式。

例如，对一个二维数组的元素进行引用。

数组名[下标][下标];
a[2][3]; //表示 a 数组 2 行 3 列的元素

下标变量和数组说明在形式中有些相似，但这两者具有完全不同的含义。数组说明的方括号中给出的是某一维的长度，即可取下标的最大值；而数组元素中的下标是该元素在数组中的位置标识。前者只能是常量，后者可以是常量、变量或表达式。

3. 二维数组初始化

二维数组和一维数组一样，也可以在声明时对其进行初始化。二维数组的初始化可以按行分段赋值，也可按行连续赋值。

1）按行连续赋值，将所有数据写在一个大括号内，按数组排列的顺序对各元素赋初值。

```
int a[2][2]={1,2,3,4};
```

如果大括号内的数据少于数组元素的个数，则系统将默认后面未被赋值的元素赋值为 0。

2）按行分段赋值，分行给数组元素赋值。

```
int a[2][3]={1,2},{1,2,3};
```

对于二维数组的初始化还要注意以下几点。

3）在分行赋值时，可以只对部分元素赋值。

```
int a[2][3] = {1,2},{2,5};
```

4）在为所有元素赋初值时，可以省略行下标，但是不能省略列下标。

```
int a[ ][3] = {1,2,3,4,5,6};
```

系统会根据数据的个数进行分配，一共有 6 个数据，而数组每行分为 3 列，当然可以确定数组为 2 行。

5）int a[3][4] = {0};

二维数组"清零"，里面每一个元素都是零。

4. 二维数组程序举例

例 6：一个学习小组有 5 个人，每个人有三门课的考试成绩。求全组分科的平均成绩和各科总平均成绩。

--	张	王	李	赵	周
Math	80	61	59	85	76
C	75	65	63	87	77
Foxpro	92	71	70	90	85

解析：可设一个二维数组 a[5][3] 存放五个人三门课的成绩。再设一个一维数组 v[3] 存放所求的各分科平均成绩，设变量 average 为全组各科总平均成绩。编程如下：

```
#include < stdio.h >
int main(void){
    int i,j,s = 0,average,v[3],a[5][3];
    printf("input score \n");
    for(i = 0;i < 3;i + +){
        for(j = 0;j < 5;j + +){
            scanf("% d",&a[j][i]);
            s = s + a[j][i];
        }
        v[i] = s/5;
        s = 0;
    }
    average = (v[0] + v[1] + v[2])/3;
    printf("math:% d \nclanguag:% d \ndbase:% d \n",v[0],v[1],v[2]);
    printf("total:% d \n", average );
    return 0;
}
```

任务小结

1. 数组：同一数据类型的有序数据的集合。

2. 一维数组定义：

类型说明符 数组名[常量表达式]；

3. 一维数组引用：

数组名[下标]；

4. 一维数组初始化

1）对数组全部元素赋初始值。

2）对数组的部分元素赋初始值。

3）对数组的全部元素赋初始值时，可以确定一个不确定长度的数组。

5. 二维数组定义：

类型说明符 数组名[常量表达式][常量表达式]；

6. 二维数组可以看成是一个特殊的一维数组，它的元素又是一维数组。

7. 二维数组的引用：

数组名[下标][下标]；

8. 二维数组初始化有两种方法：按行分段赋值和按行连续赋值。

9. C 语言中二维数组在内存中是按行存放的。

10. 数组中的所有元素，数据类型都一致，数组元素的下标每一维都是从 0 开始的。

11. 在 C 语言中只能逐个地使用下标变量，而不能一次引用整个数组。

学习任务二
指针

任务描述

与其他高级编程语言相比，C 语言可以更高效地对计算机硬件进行操作，而计算机硬件的操作指令，在很大程度上依赖于地址。指针提供了对地址操作的一种方法，因此，使用指针可使得 C 语言能够更高效地实现对计算机底层硬件的操作。另外，通过指针可以更便捷地操作数组。在一定意义上可以说，指针是 C 语言的精髓。

本任务主要讲解地址与内存、指针与指针变量、指针变量的运算，使同学们了解地址和指针的概念，掌握指针变量的定义与使用方法，了解指针变量的运算方法，能够通过指针访问一维数组元素，并能够应用指针编写一些简单程序。

学习目标

知识目标

1. 说出地址的概念。
2. 描述指针和指针变量的概念及区别。
3. 归纳指针变量的定义与使用方法。
4. 区别不同类型的指针变量的运算细则。
5. 区别指针与数组的关系。
6. 运用指针访问一维数组元素的方法，完成指针应用的简单程序设计。

素养目标

1. 培养解决问题和创造新知识的科学素养。
2. 培养和开发学生自信、乐观、希望、韧性等积极心理品质。
3. 通过指针的学习培养积极进取、刻苦钻研锻炼的学习态度。

知识准备

一、内存与地址

如图 3－2－1 所示，很多个邮箱挂在墙上，每个邮箱对应一个房间编号，根据房间编号可以找到相应的邮箱投入信件或取出信件。内存与此类似，每个内存单元有一个地址（Address），内存地址是从 0 开始编号的整数，CPU 通过地址找到相应的内存单元，取其中的指令或者读写其中的数据。与邮箱不同的是，一个地址所对应的内存单元不能存很多东西，只能存一个字节，以前讲过的 int、float 等多字节的数据类型保存在内存中要占用连续的多个地址，这种情况下数据的地址是它所占内存单元的起始地址。

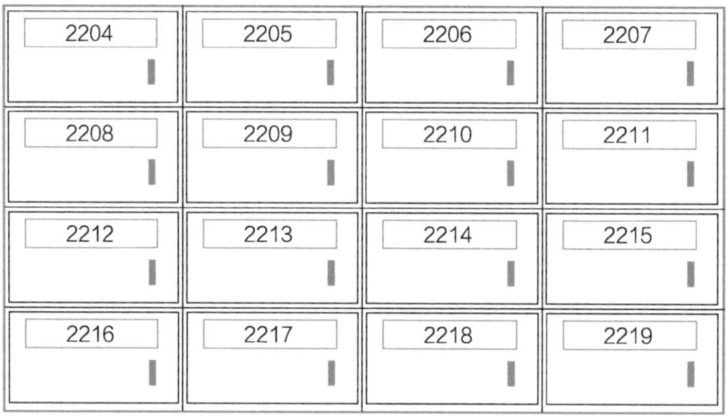

2204
2205
2206
2207
2208
2209
2210
2211
2212
2213
2214
2215
2216
2217
2218
2219

图 3－2－1　邮箱地址

在计算机中，数据是存放在内存单元中的，一般把内存中的一个字节称为一个内存单元。为了更方便地访问这些内存单元，可预先给内存中的所有内存单元进行地址编号，根据地址编号，可准确找到其对应的内存单元。由于每一个地址编号均对应一个内存单元，因此可以形象地说一个地址编号就指向一个内存单元，如图 3－2－2 所示。

低地址
7 6 5 4 3 2 1 0
一个字节
2002
2003
2004
⋮
3000
高地址

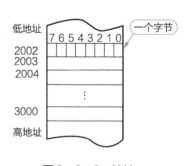

图 3－2－2　地址

C 语言中的每个变量均对应内存中的一块内存空间，而内存中每个内存单元均是有地址编号的。

二、变量的指针

1. 指针与指针变量

数据在内存中的地址也称为指针，在 C 语言中，允许用一个变量来存放指针，这种变量称为指针变量。指针变量的值就是某份数据的地址，这样的一份数据可以是数组、字符串、函数，也可以是另外的一个普通变量或指针变量，如图 3 - 2 - 3 所示。

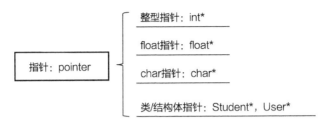

图 3 - 2 - 3　指针类型

简言之，指针是程序数据在内存中的地址，而指针变量是用来保存这些地址的变量。

现在假设有一个 char 类型的变量 c，它存储了字符'K'（ASCII 码为十进制数 75），并占用了地址为 0X11A 的内存（地址通常用十六进制表示）。另外有一个指针变量 p，它的值为 0X11A，正好等于变量 c 的地址，这种情况我们就称 p 指向了 c，或者说 p 是指向变量 c 的指针，如图 3 - 2 - 4 所示。

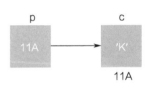

图 3 - 2 - 4　变量的指针

在 C 语言中，指针的使用非常广泛，因为使用指针往往可以生成更高效、更紧凑的代码。总的来说，使用指针的好处有以下几点：

1）指针的使用使得不同区域的代码可以轻易地共享内存数据，这样可以使程序更为快速高效。

2）C 语言中一些复杂的数据结构往往需要使用指针来构建，如链表、二叉树等。

3）C 语言是传值调用，而有些操作传值调用是无法完成的，如通过被调函数修改调用函数的对象，但是这种操作可以由指针来完成，而且并不违背传值调用。

2. 指针变量的定义

（1）指针变量定义的一般形式

指针变量定义时，需要指定所指向的数据类型。声明指针变量的一般形式为：

数据类型 * 变量名;

"*"：指针运算符，也称为"间接引用操作符"，在声明中以这种方式使用间接引用操作符时，它用以表明被声明的变量是指针变量。如下所示：

```
数据类型 * 变量名;
int *pi;            //声明一个整型指针变量
char *pc;           //声明一个字符型指针变量
float *pf;          //声明一个单精度浮点型指针变量
```

声明为整型的指针变量＊pi 只能指向整型变量或者整型变量数组元素。声明为字符型的指针变量则只能指向字符型数据。

（2）指针变量初始化

指针变量声明后，才可以写入指向某种数据类型的变量的地址，或者说是为指针变量初始化。如下所示：

数据类型 ＊ 变量名；
```
int *pi;          //声明一个整型指针变量
char *pc;         //声明一个字符型指针变量
float *pf;        //声明一个单精度浮点型指针变量
int *pi, i = 290;    //声明整型指针变量*pi 和整型变量 i,并为 i 赋初始值
char *pc, c = 65;    //声明一个字符型指针变量*pc 和字符型变量 c,并为 c 赋初值
float *pf, f = 1.414;    //声明一个单精度浮点型的指针变量*pf 和单精度浮点型变量 f,并
为 f 赋值
pi = &i;                //将整型指针变量*pi 指向整型变量 i
pc = &c;                //将字符型指针变量*pc 指向字符型变量 c
pf = &f;                //将单精度浮点型指针变量 *pf 指向单精度浮点型变量 f
```

"&" 运算符称为取地址运算符，作用是取得变量的内存地址。上述赋值语句 "pi = &i" 表示将变量 i 的地址赋值给指针变量 pi，此时 pi 就指向了 i。后面 3 条赋值语句产生的效果是 pi 指向 i，pc 指向 c，pf 指向 f，效果如图 3 - 2 - 5 所示。

图 3 - 2 - 5　指针变量初始化

（3）指针变量的定义说明

1）＊号标识该变量为指针类型，当定义多个指针变量时，在每个指针变量名前面均需要加一个 ＊，不能省略，否则为非指针变量。例如：

```
int *pa,*pb;
```

表示定义了两个指针变量 pa、pb。而：

```
int *pa,pb;
```

则仅有 pa 是指针变量，而 pb 是整型变量。

2）在使用已定义好的指针变量时，在变量名前面不能加 ＊。例如：

```
int *p,a;
*p = &a; //错误,指针变量是 p 而不是 * p
```

而如下语句是正确的。

```
int a, *p = &a; //正确
```

该语句貌似把 &a 赋给了 * p, 而实际上 p 前的 * 仅是定义指针变量 p 的标识, 仍然是把 &a 赋给了 p, 故是正确的赋值语句。

3) 类型为该指针变量所指向的基本类型 (简称基类型), 可以为 int、char、float 等基本数据类型, 也可以为自定义数据类型。该指针变量中只能保存该基类型变量的地址。例如:

```
int a,b, * pa, * pb;
char * pc,c;
pa = &a; //正确。pa 基类型为 int,a 为 int 型变量,类型一致
pb = &c; //错误。pb 基类型为 int,c 为 char 型变量,类型不一致
pc = &c; //正确。pc 基类型为 char,c 为 char 型变量,类型一致
*pa = &a; //错误。指针变量是 pa 而非 *pa
```

4) 变量名是一合法标识符, 为了与普通变量区分, 一般指针变量名以字母 p (pointer) 开头, 如 pa、pb 等。

3. 指针变量的使用

使用指针时会频繁进行以下几个操作: 定义一个指针变量、把变量地址赋值给指针、访问指针变量中可用地址的值。这些是通过使用一元运算符 * 来返回位于操作数所指定地址的变量的值。下面的实例涉及这些操作:

```
#include < stdio.h >
int main ()
{
  int  var = 20;   /* 实际变量的声明 */
  int  * ip;       /* 指针变量的声明 */
  ip = &var;  /* 在指针变量中存储 var 的地址 */
  printf("var 变量的地址: % p \n", &var  );
  /* 在指针变量中存储的地址 */
  printf("ip 变量存储的地址: % p \n", ip );
  /* 使用指针访问值 */
  printf(" * ip 变量的值: % d \n", * ip );
  return 0;
}
```

当上面的代码被编译和执行时, 它会产生下列结果:

var 变量的地址：0x7ffeeef168d8
ip 变量存储的地址：0x7ffeeef168d8
*ip 变量的值：20

三、指针变量的引用

利用指针变量可直接改变内存中某一单元的值，这是一种对系统底层的访问。指针变量为复杂的操作带来便利的同时，也存在很大的安全隐患，使用不当极容易引起程序的终止设置，系统死机。利用指针变量间接引用变量的形式为：

*指针变量；

间接运算符*在这里的作用是访问指针变量所指向的内存单元的值，如下所示：

```
int *pi , i =100;       //声明整型指针变量 pi 和整型变量 i,并为 i 赋初值
pi = &i;                //将整型指针变量 pi 指向整型变量 i
*pi + +;                //间接访问变量 i,使变量 i 的值自增
printf("%d",i);         //输出 i 的值
```

该程序的输出为 101，因为指针变量 *pi 间接引用变量 i，修改 *pi 的值等同于修改变量 i 的值。如果将代码第 4 行改写为：

```
printf("%d", *pi);      //输出 *pi 的值
```

该程序的输出仍然为 101，*pi 与 i 的作用是等同的。很多函数都需要取得变量的地址以修改变量的值，如 scanf () 函数。在上例中如果使用指针变量修改 i 的值，则可以用以下代码实现。

```
scanf("%d",pi);         //从键盘输入获取数据,保存在变量 i 中
```

这条语句的作用等同于 scanf ("%d"，&i)，因为指针 pi 的值为变量 i 的地址，所以不能使用间接运算符。

C 语言有 2 个指针的运算符，分别是取值运算符 & 和间接引用运算符 *，这 2 个运算符都是一元运算符，它们的优先级仅次于一元算术运算符。

四、指针变量的运算

指针变量保存的是地址，而地址本质上是一个整数，所以指针变量可以进行部分运算，例如加法、减法、比较等，请看下面的代码：

```c
#include<stdio.h>
int main() {
    int    a=10,    *pa=&a, *paa=&a;
    double b=99.9, *pb=&b;
    char   c='@',    *pc=&c;
    //最初的值
    printf("&a=%#X, &b=%#X, &c=%#X\n", &a, &b, &c);
    printf("pa=%#X, pb=%#X, pc=%#X\n", pa, pb, pc);
    //加法运算
    pa++; pb++; pc++;
    printf("pa=%#X, pb=%#X, pc=%#X\n", pa, pb, pc);
    //减法运算
    pa-=2; pb-=2; pc-=2;
    printf("pa=%#X, pb=%#X, pc=%#X\n", pa, pb, pc);
    //比较运算
    if(pa==paa){
        printf("%d\n", *paa);
    }else{
        printf("%d\n", *pa);
    }
    return 0;
}
```

运行结果：

```
&a=0X28FF44, &b=0X28FF30, &c=0X28FF2B
pa=0X28FF44, pb=0X28FF30, pc=0X28FF2B
pa=0X28FF48, pb=0X28FF38, pc=0X28FF2C
pa=0X28FF40, pb=0X28FF28, pc=0X28FF2A
2686784
```

从运算结果可以看出：pa、pb、pc 每次加 1，它们的地址分别增加 4、8、1，正好是 int、double、char 类型的长度；减 2 时，地址分别减少 8、16、2，正好是 int、double、char 类型长度的 2 倍。

指针变量加减运算的结果跟数据类型的长度有关，而不是简单地加 1 或减 1，这是为什么呢？

以 a 和 pa 为例，a 的类型为 int，占用 4 个字节，pa 是指向 a 的指针，如图 3-2-6 所示。

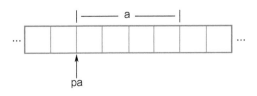

图 3-2-6　指针 pa

刚开始的时候，pa 指向 a 的开头，通过 ＊pa 读取数据时，从 pa 指向的位置向后移动 4 个字节，把这 4 个字节的内容作为要获取的数据，这 4 个字节也正好是变量 a 占用的内存。

如果 pa ++ ；使得地址加 1 的话，就会变成如图 3 - 2 - 7 所示的指向关系：

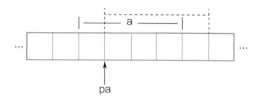

图 3 - 2 - 7　指针移动 1 个字节

这个时候 pa 指向整数 a 的中间，＊pa 使用的是红色虚线画出的 4 个字节，其中前 3 个是变量 a 的，后面 1 个是其他数据的，把它们"搅和"在一起显然是没有实际意义的，取得的数据也会非常怪异。

如果 pa ++ ；使得地址加 4 的话，正好能够完全跳过整数 a，指向它后面的内存，如图 3 - 2 - 8所示。

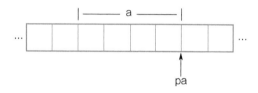

图 3 - 2 - 8　指针移动 4 个字节

我们知道，数组中的所有元素在内存中是连续排列的，如果一个指针指向了数组中的某个元素，那么加 1 就表示指向下一个元素，减 1 就表示指向上一个元素，这样指针的加减运算就具有了现实的意义。

五、数组和指针

数组是一系列相同类型变量的集合，不管是一维数组还是多维数组，其存储结构都是顺序存储形式，即数组中的元素是按一定顺序依次存放在内存中的一块连续的内存空间中（地址连续）。

指针变量类似于一个地址箱，让其初始化为某个数组元素的地址，以该地址值为基准，通过向前或向后改变地址箱中的地址值，即可让该指针变量指向不同的数组元素，从而达到通过指针变量便可以方便地访问数组中各元素的目的。

1. 一维数组和指针

在 C 语言中，指针变量加 1 表示跳过该指针变量对应的基类型所占字节数大小的空间。指向数组元素的指针，其基本类型为数组元素类型，指针加 1 表示跳过一个数组元素空间，指向下一个数组元素。例如：

```
int *p,a[10];
p = a; //相当于 p = &a[0];
```

上述语句定义了整型指针变量 p 和整型数组 a，并使 p 初始指向数组首元素 a[0]。

C 语言中规定：

1）数组名代表数组的首地址（起始地址），也就是第一个元素的地址。

2）当指针变量 p 指向数组时，p+1 指向数组的下一个元素。假设一个整型元素占两个字节，p+1 是使 p 的地址加 2 个字节。

2. 通过指针引用数组元素

当指针变量和数组元素建立联系后，可通过以下三种方式访问数组元素。

1）用下标法引用数组元素（直接访问），一般形式为：

数组名[下标];　//a[3];

2）用指针法引用数组元素（间接访问），一般形式为：

（数组名+i）;　//(a+i);　*(p+i);

其中，i 为整数，其范围为：0 < i < N，N 为数组大小。数组名 a 为首元素的地址，是地址常量，a+i 表示跳过 i 个数据元素的存储空间，即（a+i）表示 a[i]元素的地址，从而 *(a+i)表示 a[i]。

如果指针变量 p 被初始化为 a 之后，不再改变，那么也可以使用 *（p+i）的形式访问 a[i]。例如：

```
int a[10], *p, i;
  p = a;
```

则：*（p+i）、*（a+i）则代表元素 a[i]。

*（p+i）也可以写成 p[i]。

（p+i）、（a+i）、a[i]、p[i] 等价，都代表数组 a 的第 i+1 个元素。

3）用指针变量指向数组元素（间接访问），一般形式为：

*（指针变量）;// *(p++)

当执行语句 p = a; 后，可以通过改变 p 自身的值（可通过自增、自减运算），从而使得 p 中保存不同的数组元素的地址，进而通过 *p 访问该数组中不同的元素。这是使用指针访问数组元素较常用的形式。例如，如下代码通过使用指针变量的移动来遍历输出数组中的每个元素。

```
for (p = a;p < a + N;p + +)    //用 p 的移动范围控制循环次数
    printf ("% d \t",*p);
```

确定 p 指针移动的起止地址，即循环控制表达式的确定是使用指针访问数组元素的关键。

p 初始指向 a[0]，即 p = &a[0];或 p = a;。

p 终止指向 a[N-1]，即 p = &a[N-1];或 p = a + N - 1;。

故可得 p 的移动范围为：p >= a && p <= a + N - 1;而 p <= a + N - 1 通常写成 p < a + N;，由此可得循环条件为：for(p = a; p < a + N; p + +)。

3. 指针变量与数组名的区别

指针变量是地址变量，数组名是地址常量。即指针变量的内容可以在程序运行过程中被改变；而数组名一旦被定义，它的值就不能被改变了。例如：

```
int *p,a[10],i;
p = a;
```

1）执行 p = a;后，*(a + i)与 *(p + i)等价，均表示 a[i]。

2）p[i]与 a[i]等价。a 为地址值，可采用 a[i]形式访问数组元素，而 p 也为地址值，故也可采用 p[i]形式访问数组元素。

3）a 为常量地址，其值不能改变，故 a + +;语法错误。而 p 为变量，其自身的值可以改变，故 p + +;正确。

4. 通过指针变量实现对数组元素的输入和输出操作

实现代码为：

```
#include < stdio.h >
#define N 10
int main (void)
{
    int *p,a[N],i;
    p = a; //p 初始指向 a[0]
    printf("Input the array: \n");
    for(i = 0;i < N;i + +) //用整型变量 i 控制循环次数
        scanf ("% d",p + +);  //指针 p 表示地址,不能写成 &p
    printf ("the array is : \n");
    for(p = a;p < a + N;p + +)  //用 p 的移动范围控制循环次数
        printf("% d \t", *p);
    return 0;
}
```

（1）说明

输入输出循环控制方法有多种，不管采用哪种，必须准确确定起点和终点的表达式。

1）输入若采用p的移动范围确定循环次数，则代码如下：

```
for(p = a;p < a +N;p + +)
    scanf("% d",p);
```

这时，for语句之前的p = a；语句可以去掉。

2）输出若采用移动指针变量p控制循环的执行，因为执行完输入操作后，p已不再指向数组首元素，而是越界的a［N］初始位置，故必须重新给p赋值，让其指向数组的首元素，代码如下。

```
p = a; //重新赋值,让p指向数组首元素
for(i = 0;i < N;i + +)
printf ("% d\t",*p + +);
```

（2）指针值加1与地址值加1的区别

一般地址单元也称内存单元，是按字节划分的，即地址值加1，表示跳过一个字节的内存空间。

在C语言中，指针变量加1表示跳过该指针变量对应基类型所占字节数大小的空间。

任务小结

1. 地址：内存单元的编号。

2. 指针：变量的地址，如 &i。

3. 指针变量：存放其他变量地址的变量。

4. C语言指针变量的使用需要以下两个运算符：

1）&：取地址运算符，返回运算对象的内存地址。

2）*：指针运算符，也称为"间接引用操作符"，返回指针指的变量的值。

5. 指针变量定义的一般形式为：数据类型 * 变量名。

6. 利用指针变量间接引用变量的形式为：*指针变量。

7. 指针变量的运算：加法、减法和比较运算。

8. 一维数组的指针

1）数组的指针：数组的起始地址。

2）数组元素的指针：数组元素的地址。

9. 对一维数组的引用方式

1）用下标法引用数组元素：数组名［下标］。

2）用指针法引用数组元素：*（数组名 +i）。

3）用指针变量指向数组元素：*（指针变量）。

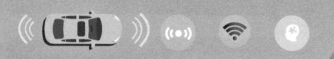

学习任务三
结构体与共用体

任务描述

前面的教程中我们讲解了数组（Array），它是一组具有相同类型的数据的集合。但在实际的编程过程中，我们往往还需要一组类型不同的数据，例如对于学生信息登记表，姓名为字符串，学号为整数，年龄为整数，所在的学习小组为字符，成绩为小数，因为数据类型不同，显然不能用一个数组来存放。在 C 语言中，可以使用结构体（Struct）来存放一组不同类型的数据。

本任务主要讲解结构体类型与结构体变量、结构体数组、结构体指针、共用体、枚举类型、用 typedef 定义类型别名，以及内存的动态分配，使同学们掌握结构体与共用体类型和变量的定义、结构体与共用体变量成员的引用方法、结构体数组的定义和使用方法、指向结构体变量的指针及通过指针引用其成员，并能够正确使用结构体编写一些简单程序。

学习目标

知识目标

1. 归纳结构体与共用体类型和变量的定义、引用方法。
2. 解释指向结构体变量的指针及通过指针引用其成员。
3. 列举枚举类型的关键字。
4. 总结用 typedef 定义类型别名的定义及其简单应用。

素养目标

1. 弘扬红船精神，培养创新能力。
2. 帮助学生形成正确的价值观。
3. 培养学生举一反三的运用能力，正确运用结构体与共用体。
4. 培养学生自主学习编程能力，编写结构体与共用体程序。

知识准备

一、结构体类型与结构体变量

1. 结构体定义

结构体（structure）是一种数据类型，它把互相联系的数据组合成一个整体。例如一个学生的学号、姓名、性别、年龄、成绩、地址，是互相联系的数据，在 C 语言中用"结构体（structure）"来定义。

声明一个结构体类型的一般形式：

```
//struct 结构体名 {成员列表};
struct stu{
    char * name;  //姓名
    int num;  //学号
    int age;  //年龄
    char group;  //所在学习小组
    float score;  //成绩
};
```

说明：

1）结构体是一种集合，它里面包含了多个变量或数组，它们的类型可以相同，也可以不同，每个这样的变量或数组都称为结构体的成员（name、num、age、group、score）。结构体成员的定义方式与变量和数组的定义方式相同，只是不能初始化。

2）struct 是声明结构体类型时必须使用的关键字，不能省略。

3）大括号后面的分号"；"不能少，这是一条完整的语句。

4）结构体也是一种数据类型，它由程序员自己定义，可以包含多个其他类型的数据。像 int、float、char 等是由 C 语言本身提供的数据类型，不能再进行拆分，我们称之为基本数据类型；而结构体可以包含多个基本类型的数据，也可以包含其他的结构体，我们将它称为复杂数据类型或构造数据类型。

5）定义一个结构体变量只是描述结构体的组织形式，并不意味着将分配一段内存单元来存放数据项成员。它的作用只是告诉编译系统所定义的结构体是由哪些类型的成员构成的，各占多少字节，按什么形式存储，并把它们当作一个整体来处理。只有当使用这个类型定义了变量时，系统才会为变量分配内存。所以在声明结构体类型的时候，不可以对里面的变量进行初始化。

2. 结构体变量的定义

声明了结构体数据类型之后，就可以定义结构体数据类型的变量，定义结构体类型变量的三种方式。

1）先声明结构体数据类型，再定义结构体数据类型变量，如下：

结构体数据类型声明：
```
struct    结构体名称
{
      成员列表(list);
};
该结构体数据类型变量声明：
struct    结构体名称    该结构体变量列表;
```

将一个变量定义为标准类型与定义为结构体类型不同之处，在于后者不仅要求指定变量为结构体类型，而且要求指定为某一特定结构体类型。

2）在声明结构体数据类型的同时，定义结构体数据类型变量，如下：

```
struct    结构体名称
{
      成员列表(list);
}该结构体类型变量列表;
```

将变量放在结构体定义的最后即可。

例如：

```
struct stu{
    char *name;  //姓名
    int num;  //学号
    int age;  //年龄
    char group;  //所在学习小组
    float score;  //成绩
} stu1, stu2;
```

3）直接定义结构体类型变量（匿名），如下：

```
struct
{
      成员列表(list);
}该结构体类型变量列表;
```

例如：

```
struct{  //没有写 stu
    char *name;  //姓名
    int num;  //学号
    int age;  //年龄
    char group;  //所在学习小组
    float score;  //成绩
} stu1, stu2;
```

这样做法书写简单，但是因为没有结构体名，后面就没法用该结构体定义新的变量。

定义了结构体变量之后，系统会为结构体变量分配内存，结构体变量所占用的内存空间是各个成员所占的存储空间的总和。

注意：

①结构体数据类型和结构体数据类型变量是两个不同的概念，在编译时，系统只会为变量分配存储空间，而不会为类型分配存储空间。

②结构体类型中的成员可以单独使用，它们的作用和地位与同类型的普通变量一样。

③在结构体数据类型中，结构体数据类型的成员的数据类型也可以是结构体数据类型。

3. 结构体变量的引用

在定义结构体类型变量以后，就可以引用结构体类型变量，如赋值、存取和运算等。结构体成员的引用方式：

结构体变量名.成员名

"."是成员运算符，它在所有的运算符中优先级最高。

例如：

```
student.num =10010;
```

结构体变量的引用遵循以下规则。

1）结构体变量不能整体输入输出。

```
printf("% d,% s,% c,% d,% f \n",student); //这是错误的
```

2）只能对结构体变量中的各个成员分别进行输入输出。

3）如果成员本身还是结构体类型，则要继续使用"."，逐级找到最低一级成员，对其进行赋值存取等操作。

4）对结构体变量的成员可以像普通变量一样进行各种运算（根据其类型决定可进行的运算）。

5）可以引用结构体变量成员的地址，也可以引用结构体变量的地址，但是不能使用类似如下语句整体读入结构体变量。

```
scanf("% d,% s,% c,% d,% f",&student); //这是错误的
```

4. 结构体变量的初始化

和其他类型的变量一样，对结构体变量可以在定义时指定初始值。例如：

```
#include <stdio.h>
int main()
{   struct student
    {   int num;
        char name[20];
        char sex;
        int age;
        float score;
    }a={12345,"tom",'M',18,98.0};
    printf("NO.:% ld \nname:% s \nsex:% c \nage:% d \nscore:% f \n",a.num,a.name,
a.sex,a.age,a.score);
}
```

二、结构体数组

结构体数组是指数组中的每个元素都是一个结构体。在实际应用中，C 语言结构体数组常被用来表示一个拥有相同数据结构的群体，比如一个班的学生、一个车间的职工等。

1. 结构体数组的定义

在 C 语言中，定义结构体数组和定义结构体变量的方式类似，在定义结构体的时候一起定义结构体数组，一般形式为：

struct 结构体名{…}数组名[ ];

例如：

```
struct stu{
    char * name;   //姓名
    int num;   //学号
    int age;   //年龄
    char group;   //所在小组
    float score;   //成绩
}class[5];
```

表示一个班级有 5 个学生。

2. 结构体数组的初始化

结构体数组在定义的同时也可以初始化，一般形式为：

struct 结构体名 数组名[3]{{…},{…},{…}};

例如：

```
struct stu{
    char *name;   //姓名
    int num;   //学号
    int age;   //年龄
    char group;   //所在小组
    float score;   //成绩
}class[5] = {
    {"Li ping", 5, 18, 'C', 145.0},
    {"Zhang ping", 4, 19, 'A', 130.5},
    {"He fang", 1, 18, 'A', 148.5},
    {"Cheng ling", 2, 17, 'F', 139.0},
    {"Wang ming", 3, 17, 'B', 144.5}
};
```

结构体数组的使用也很简单，例如，获取 Wang ming 的成绩：

```
class[4].score;
```

修改 Li ping 的学习小组：

```
class[0].group = 'B';
```

三、结构体指针

当一个指针变量指向结构体时，我们就称它为结构体指针。一个结构体变量的指针就是该结构体变量所占据内存段的起始地址。可以设一个指针变量，用来指向一个结构体变量，此时该指针变量的值是结构体变量的起始地址。同时，指针变量也可以用来指向结构体数组中的元素。

结构体指针，可细分为指向结构体变量的指针和指向结构体数组的指针。

1. 指向结构体变量的指针

1）指向结构体变量的指针的定义：

```
struct 结构体名 *变量名;
```

例如：

```
//结构体
struct stu{
    char *name;   //姓名
    int num;   //学号
    int age;   //年龄
    char group;   //所在小组
    float score;   //成绩
} stu1 = { "Tom", 12, 18, 'A', 136.5 };
//结构体指针
struct stu *pstu = &stu1;
```

2）利用指针引用结构体变量成员的方式：

（＊指针变量）.成员名；

取内容符＊，＊指针变量表示指针指向的变量。

也可以写成：

指针变量 –>结构体成员名；

在 C 语言中，为了方便使用和使之直观，可以把（＊p）.num 改用 p –>num 来代替。它表示指针变量 p 所指向的结构体变量中的 num 成员。例如（＊p）.score 等价于 p –>score。

其中，"–>"是"指向结构体成员运算符"，它的优先级同结构体成员运算符"."一样高。但是要注意的是，只有"指针变量名"后面才能加"–>"，千万不要在成员名后面加"–>"。

综上所述，如果 p 指向一个结构体变量 stu，以下 3 种结构体成员的引用方法等价：

①stu. 成员名（如 stu. num）。

②（＊p）. 成员名（如（＊p）. num）。

③p –> 成员名（如 p –>num）。

2. 指向结构体数组的指针

在前面讲数值型数组的时候可以将数组名赋给一个指针变量，从而使该指针变量指向数组的首地址，然后用指针访问数组的元素。结构体数组也是数组，所以同样可以这么做。

我们知道，结构体数组的每一个元素都是一个结构体变量。如果定义一个结构体指针变量并把结构体数组的数组名赋给这个指针变量的话，就意味着将结构体数组的第一个元素，即第一个结构体变量的地址，也即第一个结构变量中的第一个成员的地址赋给了这个指针变量。例如：

```
struct student s[3];
struct student *ps = s;  //结构体变量名"s"为结构体数组的首地址
```

也可以写成：

```
struct student *ps = &s[0];
```

例如：

```
#include < stdio.h >
struct student {
    int num;
    char name[20];
    char sex;
    float score;
}
```

```
struct student stu[] = {
    {1001,"Tom",'M',98.0},
    {1002,"James",'M',97.0},
    {1003,"Emily",'F',99.0}
};
int main() {
    struct student *p;
    printf("No. \t name \t sex score \n");
    for(p = stu; p < stu + 3; p + +){
        printf("%5d% -10s% c% f \n", p ->num,p ->name, ( *p).sex,( *p).score);
    }
    return 0;
}
```

注意：

1）如果 p 的初值为 stu，即指向第一个元素，则 p 加 1 后 p 就指向下一个元素的起始地址。

2）（ ++p) -> num 和（p ++) -> num 的区别：

（ ++p) -> num 先使 p 加 1，然后得到它指向的元素中 num 成员值，

（p ++) -> num 先得到 p -> num 的值，再使 p 加 1，指向 stu[1]。

3）程序已经定义了 p 是指向 struct student 类型数据的指针变量，用来指定一个 struct student 型的数据，不应用来指向 stu 数组元素中的某一成员。

```
p = stu[1].name; //编译时会给出警告,表示首地址不匹配
//如果要将某一成员的地址赋给p,可以用强制类型转换,先将成员地址转换成p类型
p = (struct student *)stu[0].name;
```

四、结构体变量的跨函数引用

函数间不仅可以传递简单变量、数组、指针这些类型的数据，还可以传递结构体类型的数据。函数间结构体类型数据的传递和普通变量一样，可以"按值传递"，也可以"按地址传递"。

1. 结构体变量作为函数参数

使用结构体变量作为函数的实参时，采用的是值传递，会将结构体变量所占内存单元的内容全部顺序传递给形参，形参必须是同类型的结构体变量。

函数体：

```
//用结构体变量作函数参数
void printStu(struct students stu)
{
    printf("% s    % d\n\n",stu.name,stu.age);
}
```

2. 结构体指针作为函数参数

结构体变量名代表的是整个集合本身，作为函数参数时传递的整个集合，也就是所有成员，而不是像数组一样被编译器转换成一个指针。如果结构体成员较多，尤其是成员为数组时，传送的时间和空间占用会很大，影响程序的运行效率。所以最好的办法就是使用结构体指针，这时由实参传向形参的只是一个地址，非常快速。

函数体：

```c
//用指向结构体变量(或结构体数组)的指针作为参数
void printStu3(struct students *pstu)
{
    printf("% s    % d \n \n",pstu->name,pstu->age);
}
```

例如：

```c
#include <stdio.h>
#include <string.h>

//声明结构体类型(若要跨函数使用,必须定义在外部)
struct students
{
    char name[20];
    int age;
};

int main()
{
    //定义并初始化结构体变量及指针
    struct students stu1 = {"Allen",18}, *pstu;
    pstu = &stu1;

    //函数声明
    void printStu(struct students);
    void printStu2(char [20],int);
    void printStu3(struct students *);

    //调用
    printf("姓名    年龄 \n \n");
    printStu(stu1);
    printStu2(stu1.name,stu1.age);
    printStu3(pstu);
    return 0;
}
```

```
//函数定义

//  用结构体变量作函数参数
void printStu(struct students stu)
{
    printf("% s    % d \n \n",stu.name,stu.age);
}

//用指向结构体变量(或结构体数组)的指针作为参数
void printStu3(struct students * pstu)
{
    printf("% s    % d \n \n",pstu ->name,pstu ->age);
}
```

五、共用体

1. 共用体的概念

几种不同类型的变量存放到同一段内存单元中，变量在内存中所占的字节数不同，但都从同一地址开始存放。也就是使用覆盖技术，几个变量互相覆盖。这种使几个不同的变量共占同一段内存的结构，称为"共用体"类型的结构。

定义使用共用体类型变量的一般形式：

```
union 共用体名
{成员列表}变量列表;
//例如
union data{
    int i;
    char ch;
    float f;
}a,b,c;
//也可以将类型声明和变量定义分开
union data{
    int i;
    char ch;
    float f;
};
union data a,b,c;
//也可以直接定义共用体变量
union {
    int i;
    char ch;
    float f;
}a,b,c;
```

结构体和共用体的区别在于：结构体的各个成员会占用不同的内存，互相之间没有影响；而共用体的所有成员占用同一段内存，修改一个成员会影响其余所有成员。

结构体变量所占内存长度是各成员占的内存长度之和，每个成员分别占有其自己的内存单元。共用体占用的内存等于最长的成员占用的内存。共用体使用了内存覆盖技术，同一时刻只能保存一个成员的值，如果对新的成员赋值，就会把原来成员的值覆盖掉。

2. 共用体的变量的引用方式

只有定义了共用体变量才能使用它，而且不能引用共用体变量，只能引用共用体变量中的成员。例如前面定义了 a、b、c 为共用体变量：

```
a.i   //引用共用体变量中的整型变量 i
a.ch //引用共用体变量中的字符变量 ch
a.f //引用共用体变量中的实型变量 f
printf("% d",a); //错误的
```

3. 共用体类型数据的特点

1）同一个内存段可以用来存放几种不同类型的成员，但在每一瞬时只能存放其中一个成员，而不是同时存放几个。

2）可以对共用体变量初始化，但初始化表中只能有一个常量。

3）共用体变量中起作用的成员是最后一次被赋值的成员，在对共用体变量中的一个成员赋值后，原有变量存储单元中的值就被取代了。

4）共用体变量的地址和它的各成员的地址都是同一地址。

5）不能对共用体变量名赋值，也不能企图引用变量名来得到一个值。

6）以前的 C 规定不能把共用体变量作函数参数，但可以使用指向共用体变量的指针作函数参数。

7）共用体类型可以出现在结构体类型定义中，也可以定义共用体数组。反之，结构体也可以出现在共用体类型定义中，数组也可以作为共用体的成员。

六、枚举类型

枚举类型是 ANSI C 新标准所增加的。如果一个变量只有几种可能的值，可以定义为枚举类型，所谓的枚举是将变量的值一一列举出来，变量的值只限于列举出来的值的范围。声明枚举类型用 enum 开头，枚举类型的定义形式为：

```
enum typeName{ valueName1, valueName2, valueName3, ......};
```

enum 是一个新的关键字，专门用来定义枚举类型，这也是它在 C 语言中的唯一用途；typeName 是枚举类型的名字；valueName1，valueName2，valueName3，……是每个值对应的名字的列表。注意最后的 "；" 不能少。

例如：

```
enum weekday{sun,mon,tue,wed,thu,fri,sat};
enum weekday workday,weekend;
//workday 和 weekend 定义为枚举变量,它们的值只能是 sun 到 sat 之一
weekday =mon;
weekend =sun;
//也可以直接定义枚举变量
enum{sun,mon,tue,wed,thu,fri,sat}workday,weekend;
```

说明：

1）在 C 编译中，对枚举元素按常量处理，它们不是变量，不能对其赋值，类似于：sun =0；是错误的。

2）枚举元素作为常量，它们是有值的，C 语言编译按定义时的顺序使它们的值为 0，1，2…

在上面定义中，sun 值为 0，mon 的值为 1，.... sat 的值为 6。

如果有赋值语句：

```
workday =mon;
```

workday 变量的值为 1。这个整数是可以输出的。如：

```
printf("% d",workday);//将输出整数 1
```

也可以改变枚举元素的值，在定义时由程序员指定，如：

```
enum{sun =7,mon =1,tue,wed,thu,fri,sat}workday,weekend;
//最后输出 sun =7,mon =1,后面依次 +1,sat =6
```

3）枚举值可以用来做判断比较。如：

```
if(workday = =mon).....
if(workday >sun)....
```

枚举值的比较规则是按其在定义时的顺序号比较的，如果定义时未指定，则第一个枚举值默认为 0。故 mon 大于 sun，sat >fri。

4）一个整数不能直接赋值给一个枚举变量。如：

```
workday =2;
//是不对的,它们属于不同的类型,应先进行强制类型转换。
workday =(enum weekday)2;
//相当于把值为 2 的枚举元素赋给 workday
workday =(enumweekday)(5 -3);
//赋一个表达式也是可以的
```

七、用 typedef 定义类型别名

C 语言允许为一个数据类型起一个新的别名，就像给人起"绰号"一样。起别名的目的不是为了提高程序运行效率，而是为了编码方便。

使用关键字 typedef 可以为类型起一个新的别名，语法格式为：

```
typedef  oldName newName;
```

oldName 是类型原来的名字，newName 是类型新的名字。例如：

```
typedef int INTEGER;
INTEGER a, b;
a =1;
b =2;
```

INTEGER a，b；等效于 int a，b；。

注意：

1）用 typedef 可以声明各种类型名，但不能定义变量。用 typedef 可以声明数组类型、字符串类型，使用比较方便。

```
typedef int ARR[10];
ARR a,b,c,d;
//typedef 可以将数组类型和数组变量分开,利用数组类型可以定义多个数组变量
```

2）用 typedef 只是对已经存在的类型增加一个类型名，而不是创造一个新的类型。

3）typedef 和#define 的区别。

```
typedef int COUNT;
#define int COUNT
```

①用法不同：typedef 用来定义一种数据类型的别名，增强程序的可读性。define 主要用来定义常量，以及书写复杂、使用频繁的宏。

②执行时间不同：typedef 是编译过程的一部分，有类型检查的功能。define 是宏定义，是预编译的部分，它发生在编译之前，只是简单地进行字符串的替换，不进行类型的检查。

③typedef 定义是语句，因为句尾要加上分号。而 define 不是语句，千万不能在句尾加分号。

4）当不同的源文件中用到同一类型数据时，常用 typedef 声明一些数据类型，把它们单独放到一个文件中，然后在需要用到它们的文件中用#define 命令把它们包含进来。

5）使用 typedef 有利于程序的通信与移植。有时程序会依赖于硬件特性，用 typedef 便于移植。

例如：有的计算机系统 int 型数据用两个字节，数值范围为 – 32768 ~ 32767，而另外一些机器则以 4 字节存放一个整数，数值范围为 + 21 亿。如果把一个 C 程序以 4 个字节存放整数的计算机系统移植到以 2 个字节存放整数的系统，按一般方法需要将变量中的每个 int 改为 long。如果程序中有多处使用 int 定义变量，则需要改动很多次，但使用 typedef 可以定义为：

```
typedef int INTEGER;
typedef long INTEGER;
```

八、动态存储分配

在项目三的任务一 "数组" 中，曾介绍过数组的长度是预先定义好的，在整个程序中固定不变。在 C 语言中不能出现动态数组类型。例如：a [n] 就是错误的，必须要用一个实际的数字表示数组长度，但是在实际开发中，往往会发生这种情况，即所需要的内存空间取决于实际输入的数据，而无法预先确定。对于以上问题，使用数组的办法很难解决，只能通过内存管理函数，动态分配内存空间。

常用的内存管理函数有分配内存空间函数 malloc、calloc 以及释放内存空间函数 free。

1. malloc 函数

函数原型：

```
void *malloc(unsigned int size);
```

其作用是在内存的动态存储中分配一个长度为 size 的连续空间（size 是一个无符号数）。

此函数的返回值是一个指向分配域起始地址的指针（void）。

如果此函数未能成功地执行（例如内存空间不足），则返回 Null。

2. calloc 函数

函数原型：

```
void *calloc(unsigned int n,unsigned int size);
```

调用格式：

```
calloc(n,size);
```

其作用是在内存分配一个 n 倍 size 字节的存储区。调用结果为新分配的存储区的首地址，是一个 void 类型指针。

函数返回一个指向分配域起始地址的指针。

如果分配不成功，返回 Null。

用 calloc 函数可以为一维数组开辟动态存储空间，n 为数组个数，每个元素长度为 size。

calloc 与 malloc 函数的区别：malloc 函数是动态分配一段存储空间，而 calloc 函数是动态分配连续的存储空间。

3. free 函数

函数原型

```
void free(void *p);
```

其作用是释放由 p 指向的内存区, 使这部分内存区能被其他区使用。

p 是最近一次调用 calloc 或者 malloc 函数的时候返回的值。

任务小结

1. 结构体: 用于定义一些复杂数据类型, 把一些有内在联系的不同变量放在一起, 封装成一个整体, 语法: struct 结构体名 {成员列表};。

2. 结构体变量的定义:

1) 先定义结构体类型, 再定义结构体类型变量, 即: struct 结构体名 变量名列表;。

2) 在声明结构体数据类型的同时, 定义结构体数据类型变量, 即: struct 结构体名 {…} 变量名表列;。

3) 直接定义结构体类型变量 (匿名), 即: struct {…} 变量名表列;。

3. 结构体类型变量成员的引用: 结构体变量名. 成员名 ; "." 是成员运算符。

4. 结构体数组: 数组中的每个元素都是一个结构体。

5. 结构体变量的指针: 指向该结构体变量所占内存段的起始地址, 可以通过结构体变量的指针来访问成员: (*p). 成员名; p->成员名;。

6. 将一个结构体变量的值传递给另一个函数:

1) 用结构体变量做参数。

2) 用指向结构体变量 (或数组) 的指针作为实参。

7. 共用体: 把几种不同类型的变量存放到同一段内存单元中 (同一个内存地址开始的单元中), 语法: union 共用体名 {成员列表};。

8. 枚举类型: 列出变量所有可能的取值, 定义关键字为 enum。

9. 用 typedef 定义类型: 定义新的类型名代替已有的类型名, 语法: typedef 原类型名 新类型名;。

10. 动态存储分配: malloc 函数、calloc 函数、free 函数。

学习任务四
字符与字符串处理

任务描述

在 C 语言中，"字符"与"字符串"之间是有区别的。首先，一个很明显的区别是"字符"使用单引号作为定界符，而"字符串"使用双引号作为定界符。另外 C 语言中字符定义为一种基本数据类型（char），表示单个字符；字符串不是基本数据类型，但可以通过 char 的数组代替，末尾用 '\0' 结束。

本任务主要讲解字符与字符串的处理，使同学们掌握字符型数据的输入与输出、字符型数据与整型数据的混合运算，字符串的存储与引用，并能够应用字符串处理函数编写一些简单程序。

学习目标

知识目标

1. 举例说出字符型数据的使用方法。
2. 解释字符串的存储与引用规则。
3. 区别字符串的输入和输出的异同。
4. 运用常见字符串处理函数，能够编写字符串处理的简单程序。

素养目标

通过字符与字符串处理教学，培养教育学生树立目标，坚定信念，小目标和整体目标相结合，坚持完成目标的意志品质。

知识准备

一、字符型数据的使用

1. 字符型数据的输入与输出

C 语言中，输出字符使用 putchar() 函数，输入字符使用 getchar() 函数。

（1）putchar 函数（字符输出函数）

putchar 函数是字符输出函数，其功能是在显示器上输出单个字符。其一般形式为：

```
putchar(字符变量);
```

例如：

```
putchar('A');    /* 输出大写字母 A */
putchar(x);      /* 输出字符变量 x 的值 */
putchar('\101'); /* 也是输出字符 A */
putchar('\n');   /* 换行 */
```

对控制字符则执行控制功能，不在屏幕上显示。

使用本函数前必须要用文件包含命令：

```
#include <stdio.h>
```

例 1：输出单个字符。

编程如下：

```
#include <stdio.h>
int main(void){
    char a='B',b='o',c='k';
    putchar(a); putchar(b); putchar(b); putchar(c); putchar('\t');
    putchar(a); putchar(b);
    putchar('\n');
    putchar(b); putchar(c);
    putchar('\n');
    return 0;
}
```

（2）getchar 函数（键盘输入函数）

getchar 函数的功能是从键盘上输入一个字符。其一般形式为：

```
getchar();
```

通常把输入的字符赋予一个字符变量，构成赋值语句，如：

```
char c;
c=getchar();
```

例 2：输入单个字符。

编程如下：

```
#include < stdio.h >
int main(void){
    char c;
    printf("input a character \n");
    c = getchar();
    putchar(c);
    return 0;
}
```

使用 getchar 函数还应注意几个问题。

1) getchar 函数只能接受单个字符, 输入数字也按字符处理。输入多于一个字符时, 只接收第一个字符。

2) 使用本函数前必须包含文件 "stdio.h"。

3) 在 TC 屏幕下运行含本函数程序时, 将退出 TC 屏幕进入用户屏幕等待用户输入。输入完毕再返回 TC 屏幕。

2. 字符型数据与整型数据的混合运算

字符型数据与整型数据可以进行混合运算, 因为字符数据存储时, 内存中是以二进制 ASCII 码的形式存储。如 'a', 内存中存储二进制数 01100001。用一个字节存储十进制整数 97, 内存中存储的二进制数是 01100001。

C 语言中, 字符 (char) 型数据与整数数据进行运算, 就是把字符的 ASCII 代码与整型数据进行运算。如: 'A' + 25, 由于字符 A 的 ASCII 代码是 65, 相当于 65 + 25, 等于 90。编程如下:

```
#include < stdio.h >
int main() {
    char a;
    int b;
    a = 'A'; //假设您想要赋值的是字符'A'
    b = a + 2; //将字符'A'的 ASCII 值转换为真整数值,并加 2
    printf("% c,% d,% c,% d",a,a,b,b);
    return 0;
}
```

拓展知识: 数据类型转换

(1) 自动类型转换

在 C 语言中, 整型、实型、字符型数据之间可以进行混合运算。两个不同类型的数据进行混合运算时, 首先要将其中取值范围较小的类型转换为取值范围较大的类型, 然后再进行运算。这种类型转换是由系统自动进行的, 故称为自动类型转换。

例如：5.0/2 + 'a'。

首先"/"的优先级高，所以第一步计算5.0/2。2是整型，5是实型，所以先进行第一次转化，结果就是2.50000。

字符型数据在参与运算的时候，会先转化成int型。就是'a'首先转为97，然后再进行2.50000+97的运算。

综上，在不同类型的混合运算中，编译器会自动地转换数据类型，将参与运算的所有数据先转换为同一种类型，然后再进行计算。转换的规则（图3-4-1）如下。

1）转换按数据长度增加的方向进行，以保证数值不失真，或者精度不降低。例如，int和long参与运算时，先把int类型的数据转成long类型后再进行运算。

2）所有的浮点运算都是以双精度进行的，即使运算中只有float类型，也要先转换为double类型，才能进行运算。

3）char和short参与运算时，必须先转换成int类型。

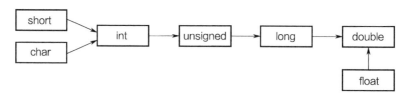

图3-4-1　数据类型转换规则

（2）强制类型转换

自动类型转换是编译器根据代码的上下文环境自行判断的结果，有时候并不是那么"智能"，不能满足所有的需求。如果需要，程序员也可以自己在代码中明确地提出要进行的类型转换，这称为强制类型转换。

强制类型转换的格式为：

```
(type_name) expression   //(类型说明符)(表达式)
```

例如：

```
(float) a;   //将变量 a 转换为 float 类型
(int)(x+y);  //把表达式 x+y 的结果转换为 int 整型
(float) 100; //将数值 100(默认为 int 类型)转换为 float 类型
```

无论是自动类型转换还是强制类型转换，都只是为了本次运算而进行的临时性转换，转换的结果也会保存到临时的内存空间，不会改变数据本来的类型或者值。

二、字符串的存储与引用

字符串在 C 语言中的处理与其他语言相比是比较特殊的。在 C 语言中没有专门的字符串变量类型。而是通过字符数组的方式来实现字符串功能。

1. 字符串在内存中的存储形式

1）使用字符数组来存储：将字符串数据的每一个字符存储到字符数组中，并追加一个'\0'代表存储结束。

```
char name[ ] = "jack";
```

2）使用字符指针来存储字符串数据：直接将一个字符串数据初始化给一个字符指针。

```
char * name = "jack";
```

2. 字符串的引用方式

字符串是存放在字符数组中的，引用字符串，有以下两种方法：

1）通过数组名和下标。例如：

```
#include < stdio.h >
int main() {
  char string[ ] = "I love China";
  printf("% s \n",string);     //通过% s 格式声明输出 string
  printf("% c \n",string[7]); //用% c 格式输出一个字符数组元素
  return 0;
}
```

2）通过字符指针变量引用一个字符串常量。例如：

```
#include < stdio.h >
int main()
{
    char * string = "I love china!"; //把字符串的第 1 个元素的地址赋给字符指针变
量 string
    printf("% s \n",string);
    return 0;
}
```

3. 使用字符指针变量和字符数组的比较

用字符数组和字符指针变量都能实现字符串的存储和运算，但二者之间是有区别的。

1）字符数组由若干个元素组成，每个元素放一个字符，而字符指针变量中存放的是地址（字符串第一个字符的地址，不是将字符串放到字符指针变量中）。

2）赋值方式。可以对字符指针变量赋值，但不能对数组名赋值。

3）初始化的含义。对字符指针变量赋初值，将字符串第一个元素地址赋值；对数组名的初始化，将字符串赋给各个元素。

4）存储单元的内容。编译时为字符数组分配若干个存储单元，以存放各个元素的值；而对字符指针变量，只分配一个存储单元（地址单元字节）。

5）指针变量的值是可以改变的，而字符数组名代表一个固定的值（数组首元素的地址），不能改变。

6）字符数组的各个元素是可以改变的，但字符指针变量指向字符串常量是不能改变的。

7）引用数组元素。可以对字符数组采用下标法（a[i]），也可以用地址法（*(a+i)）。

三、字符串的输入和输出

1. 字符串的输出

在 C 语言中，有两个函数可以在控制台（显示器）上输出字符串，它们分别是：

1）puts()：输出字符串并自动换行，该函数只能输出字符串。

2）printf()：通过格式控制符%s 输出字符串，不能自动换行。除了字符串，printf()还能输出其他类型的数据。例如：

```
#include < stdio.h >
int main() {
    char str[] = "Hello world";
    printf("% s \n", str);   //通过字符串名字输出
    printf("% s \n", " Hello world ");   //直接输出
    puts(str);   //通过字符串名字输出
    puts("Hello world ");   //直接输出

    return 0;
}
```

注意，输出字符串时只需要给出名字，不能带后边的 [ ]，例如，下面的两种写法都是错误的：

```
printf("% s \n", str[]);
puts(str[10]);
```

2. 字符串的输入

在 C 语言中，有两个函数可以让用户从键盘上输入字符串，它们分别是。

1）scanf()：通过格式控制符%s 输入字符串。除了字符串，scanf()还能输入其他类型的数据。

2）gets()：直接输入字符串，并且只能输入字符串。

但是，scanf()和 gets()是有区别的。

scanf()读取字符串时以空格为分隔，遇到空格就认为当前字符串结束了，所以无法读取

含有空格的字符串。

gets()认为空格也是字符串的一部分，只有遇到回车键时才认为字符串输入结束，所以，不管输入了多少个空格，只要不按下回车键，对 gets()来说就是一个完整的字符串。换句话说，gets()用来读取一整行字符串。例如：

```c
#include < stdio.h >
int main() {
    char str1[30] = {0};
    char str2[30] = {0};
    char str3[30] = {0};

    //gets() 用法
    printf("Input a string: ");
    gets(str1);

    //scanf() 用法
    printf("Input a string: ");
    scanf("% s", str2);
    scanf("% s", str3);

    printf("\nstr1: % s \n", str1);
    printf("str2: % s \n", str2);
    printf("str3: % s \n", str3);

    return 0;
}
```

运行结果：

```
Input a string: C C ++ Java Python
Input a string: PHP JavaScript

str1: C C ++ Java Python
str2: PHP
str3: JavaScript
```

四、字符串处理函数

C语言提供了丰富的字符串处理函数，可以对字符串进行输入、输出、合并、修改、比较、转换、复制、搜索等操作，使用这些现成的函数可以大大减轻我们的编程负担。

1. 字符串长度函数 strlen（）

strlen 是 string length 的缩写，用来获得字符串的长度。所谓长度，就是包含多少个字符。strlen()函数从字符串的开头位置依次向后计数，直到遇见'\0'，然后返回计时器的值。最终统计的字符串长度不包括 '\0'。语法格式为：

```
strlen(arrayName);
```

返回值：strlen 返回字符串的长度，它是一个整数。

例如：使用 C 语言 strlen()函数求字符串的长度。

```
#include <stdio.h>
#include <string.h>
int main() {
    char str[] = "C language";
    int len = strlen(str);
    printf("The lenth of the string is % d\n", len);
    return 0;
}
```

运行结果：The lenth of the string is 10

注意 sizeof 和 strlen()函数的区别。例如：

```
#include <stdio.h>
#include <string.h>
int main() {
    char str[] = " Hello world ";
    printf("sizeof = % d\n", sizeof(str));
    printf("strlen = % d", strlen(str));
    return 0;
}
```

运行结果为：

sizeof = 12

strlen = 11

可以看到，sizeof 统计出的字符串长度比 strlen()函数的统计值大 1。原因很简单，sizeof 统计了字符串结尾的 '\0'，而 strlen()函数没有。

strlen()函数计算的是字符串的实际长度，遇到第一个'\0'结束。如果你只定义没有给它赋初值，这个结果是不定的，它会从首地址一直找下去，直到遇到'\0'停止。而 sizeof 返回的是变量声明后所占的内存数，不是实际长度。此外，sizeof 不是函数，仅仅是一个操作符，strlen()是函数。

2. 字符串连接函数 strcat（）

strcat 是 string catenate 的缩写，意思是把两个字符串拼接在一起，语法格式为：

```
strcat(arrayName1, arrayName2);
```

arrayName1、arrayName2 为需要拼接的字符串。

strcat 将把 arrayName2 连接到 arrayName1 后面，并删去 arrayName1 最后的结束标志 '\0'。这就意味着，arrayName1 的长度要足够，必须能够同时容纳 arrayName1 和 arrayName2，否则会越界。

strcat() 的返回值为 arrayName1 的地址。

例如：

```
#include < stdio.h >
#include < string.h >
int main() {
    char str1[100] = " The number is ";
    char str2[60];
    printf("Input a number: ");
    gets(str2);
    strcat(str1, str2);
    puts(str1);

    return 0;
}
```

运行结果：

Input a number: 5↙

The number is 5

3. 字符串复制函数 strcpy（）

strcpy 是 string copy 的缩写，意思是字符串复制，也即将字符串从一个地方复制到另外一个地方，语法格式为：

```
strcpy(arrayName1, arrayName2);
```

strcpy() 会把 arrayName2 中的字符串拷贝到 arrayName1 中，字符串结束标志 '\0' 也一同拷贝。例如：

```
#include < stdio.h >
#include < string.h >
int main() {
```

```
char str1[50] = "C Language";
char str2[50] = " Hello world ";
strcpy(str1, str2);
printf("str1:% s\n", str1);

return 0;
}
```

运行结果：str1：Hello world

将 str2 复制到 str1 后，str1 中原来的内容就被覆盖了。另外，strcat() 要求 arrayName1 要有足够的长度，否则不能全部装入所拷贝的字符串。

4. 字符串比较函数 strcmp()

strcmp 是 string compare 的缩写，意思是字符串比较，语法格式为：

```
strcmp(arrayName1, arrayName2);
```

arrayName1 和 arrayName2 是需要比较的两个字符串。

字符本身没有大小之分，strcmp() 以各个字符对应的 ASCII 码值进行比较。strcmp() 从两个字符串的第 0 个字符开始比较，如果它们相等，就继续比较下一个字符，直到遇见不同的字符，或者到字符串的末尾。

返回值：若 arrayName1 和 arrayName2 相同，则返回 0；若 arrayName1 大于 arrayName2，则返回大于 0 的值；若 arrayName1 小于 arrayName2，则返回小于 0 的值。

例如：对 4 组字符串进行比较。

```
#include < stdio.h >
#include < string.h >
int main() {
    char a[] = "aBcDeF";
    char b[] = "AbCdEf";
    char c[] = "aacdef";
    char d[] = "aBcDeF";
    printf("a VS b:% d\n", strcmp(a, b));
    printf("a VS c:% d\n", strcmp(a, c));
    printf("a VS d:% d\n", strcmp(a, d));

    return 0;
}
```

运行结果：

a VS b：32

a VS c：-31

a VS d：0

任务小结

1. 在 C 语言中，字符串总是以'\0'作为结尾，所以'\0'也被称为字符串结束标志，或者字符串结束符。

2. 在 C 语言中，输出字符使用 putchar()函数，输入字符使用 getchar()函数。

3. 字符（char）型数据与整数数据进行运算，就是把字符的 ASCII 代码与整型数据进行运算。

4. C 语言数据类型转换

1）自动类型转换：编译器自动进行的数据类型转换，这种转换不需要程序员干预，会自动发生。

2）强制类型转换：程序员明确提出的、需要通过特定格式的代码来指明的一种类型转换。

5. 字符串在内存中的存储形式：使用字符数组来存储；使用字符指针来存储字符串数据。

6. 字符串的引用方式：通过数组名和下标；通过字符指针变量引用一个字符串常量。

7. 字符串的输入和输出。

1）puts()：输出字符串并自动换行，该函数只能输出字符串。

2）printf()：通过格式控制符%s 输出字符串。

3）scanf()：通过格式控制符%s 输入字符串。

4）gets()：直接输入字符串，并且只能输入字符串，与 scanf()相比，gets()的主要优势是可以读取含有空格的字符串。

8. 字符串处理函数

1）字符串长度函数 strlen()：strlen(arrayName)。

2）字符串连接函数 strcat()：strcat(arrayName1, arrayName2)。

3）字符串复制函数 strcpy()：strcpy(arrayName1, arrayName2)。

4）字符串比较函数 strcmp()：strcmp(arrayName1, arrayName2)。

复习题

1. 判断题

（1）结构体变量可以作数组元素。　　　　　　　　　　　　　　　　　　（　　）

（2）对于同一个数组，其所有元素的数据类型都是相同的。　　　　　　　（　　）

（3）数组可以先使用后定义。　　　　　　　　　　　　　　　　　　　　（　　）

（4）int a [6]；合法的数组元素的最小下标值为 1。　　　　　　　　　　（　　）

（5）字符串需要以'\0'作为结尾，strlen 函数返回的是在字符串中'\0'前面出现的字符个数（不包含'\0'）。 （   ）

（6）可以用关系运算符对字符串进行比较。 （   ）

（7）在对数组全部元素赋初值时，不可以省略行数，但能省略列数。 （   ）

（8）指针变量可以存放指针（地址）、数值和字符。 （   ）

（9）C 语言标准输入操作中，gets（）函数一次只可读取一个字符。 （   ）

（10）字符串在内存中的起始地址称为字符串的指针，可以定义一个字符指针变量指向一个字符串。 （   ）

2. 选择题

（1）字符串指针变量中存入的是（   ）。

  A. 第一个字符   B. 字符串   C. 字符串的首地址   D. 字符串变量

（2）不合法的字符常量是（   ）。

  A.'\t'   B.'A'   C.'a'   D.'\x32'

（3）若有说明：int a[3][4]={0}；则下面正确的叙述是（   ）。

  A. 只有元素 a[0][0]可以得到初值 0

  B. 此说明语句不正确

  C. 数组中各元素都可以得到初值，但其值不一定为 0

  D. 数组中每个元素均可得到初值 0

（4）若有说明：int a[3][4]；则对 a 数组元素的非法引用是（   ）。

  A. a[0][2*1]   B. a[1][3]   C. a[4-2][0]   D. a[0][4]

（5）若要求从键盘读入含有空格字符的字符串，应使用函数（   ）。

  A. getc（）   B. gets（）   C. getchar（）   D. scanf（）

（6）以下不能对二维数组 a 进行正确初始化的是（   ）。

  A. int a[2][3]={0}；

  B. int a[][3]={{1,2},{0}}；

  C. int a[2][3]={{1,2},{3,4},{5,6}}；

  D. int a[][3]={1,2,3,4,5,6}；

（7）若有 c 语言语句 int *point,a=4；和 point=&a；下面均代表地址的一组选项是（   ）。

  A. a, point, *&a   B. &*a, &a, *point

  C. *&point, *point, &a   D. &a, &*point, point

（8）从键盘上输入某字符串时，可使用的函数是（   ）。

  A. getchar（）   B. scanf（）   C. printf（）   D. gets（）

（9）以下关于结构体与共用体数据成员定义的叙述中，正确的说法是（   ）。

  A. 结构体类型定义中不能出现共用体类型的成员，共用体类型定义中也不能出现

　　　　结构体类型的成员

　　B. 结构体类型定义中不能出现共用体类型的成员，共用体类型定义可以出现结构体类型的成员

　　C. 结构体类型定义中可以出现共用体类型的成员，共用体类型定义中不能出现结构体类型的成员

　　D. 结构体类型定义中可以出现共用体类型的成员，共用体类型定义中也可以出现结构体类型的成员

（10）下面关于结构体概念的叙述中，正确的说法是（　　　　）。

　　A. 相同类型数据的集合称为结构体

　　B. 不同类型数据的集合称为结构体

　　C. 数据的集合称为结构体

　　D. 整数的集合称为结构体

智能网联汽车
计算机基础

PROJECT

项目四
机器人操作系统（ROS）

- 学习任务一　ROS 概述与环境搭建
- 学习任务二　ROS 通信机制
- 学习任务三　ROS 通信机制进阶
- 学习任务四　ROS 运行管理
- 学习任务五　ROS 常用组件

学习任务一
ROS 概述与环境搭建

任务描述

近年来机器人领域持续升温，涌现出了一大批机器人产品，像机器狗、无人机、无人车、各式各样的服务机器人、聊天机器人。在许多机器人背后都用到了一个共同的软件平台，就是机器人操作系统（Robot Operating System，ROS）。ROS 好比机器人的中枢神经系统，这个系统把原本松散的功能模块耦合在了一起，为它们提供了通信架构。这样机器人的各个零部件就可以协同工作，完成更为复杂的任务了。自从 ROS 发布以来，它的发展和传播非常迅速，ROS 已经成为机器人领域使用最广泛的机器人软件平台，社区规模和使用人数越来越多。

本任务主要介绍了 ROS 的相关概念、ROS 环境搭建以及 ROS 的架构，使同学们了解 ROS 概念、设计目标、发展历程及应用。

学习目标

知识目标

1. 描述 ROS 概念、设计目标、发展历程及应用。
2. 能够独立安装并运行 ROS。
3. 列举 ROS 系统架构名称。

素养目标

1. 引导学生树立正确的社会主义核心价值观。
2. 学习那些做出杰出贡献的前辈们为计算机发展的献身精神和治学严谨实事求是的科学态度。
3. 培养学生自主学习能力，自主进行应用开发。

知识准备

一、ROS 简介

1. ROS 的诞生与发展

（1）ROS 诞生背景

机器人是一种高度复杂的系统性实现，机器人设计包含了机械加工、机械结构设计、硬件设计、嵌入式软件设计、上层软件设计....是各种硬件与软件集成，如图 4-1-1 所示，甚至可以说机器人系统是当今工业体系的集大成者。

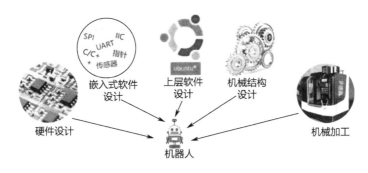

图 4-1-1　机器人设计

机器人体系的复杂性和技术集成性要求跨学科的专业知识和团队合作。在当前的技术发展阶段，单一的个人、组织或公司很难独立完成全面的机器人研发项目。

一种更合适的研发策略是：让不同领域机器人研究者专注于自己擅长的领域，其他模块则直接复用相关领域更专业研发团队的成果，当然自身的研究也可以被他人继续复用。这种基于"复用"的分工协作，遵循了不重复发明轮子的原则，大大提高机器人的研发效率，尤其是随着机器人硬件越来越丰富，软件库越来越庞大，这种复用性和模块化开发需求也愈发强烈。

在此大背景下，在 2007 年，一家名为柳树车库（Willow Garage）的机器人公司发布了 ROS（机器人操作系统），ROS 是一套机器人通用软件框架，可以提升功能模块的复用性。随着该系统的不断迭代与完善，如今 ROS 已经成为机器人软件领域的事实标准。

（2）ROS 的发展历程

ROS 是一个由来已久、贡献者众多的大型软件项目。在 ROS 诞生之前，很多学者认为，机器人研究需要一个开放式的协作框架，并且已经有不少类似的项目致力于实现这样的框架。在这些工作中，斯坦福大学在 2000 年开展了一系列相关研究项目，如斯坦福人工智能机器人（STandford AI Robot, STAIR）项目、个人机器人（Personal Robots, PR）项目等，在上述项目中，在研究具有代表性、集成式人工智能系统的过程中，创立了用于室内场景的高灵活性、动态软件系统，其可以用于机器人学研究。

2007 年，柳树车库（Willow Garage）公司提供了大量资源，用于将斯坦福大学机器人项目中的软件系统进行扩展与完善，同时，在无数研究人员的共同努力下，ROS 的核心思想和基本软件包逐渐得到完善。

2. ROS 的概念

ROS（Robot Operating System，机器人操作系统）是一个适用于机器人的开源元操作系统。它集成了丰富的工具、库和协议，提供类似 OS 所提供的功能，可以简化对机器人的控制。ROS 的设计允许开发者轻松地实现机器人软件的获取、构建、编写和运行，特别是当涉及到多台计算机时，它提供了一系列工具和库以支持这一过程。

ROS 设计者将 ROS 表述为 "ROS = Plumbing + Tools + Capabilities + Ecosystem"，即 ROS 是通信机制、工具软件包、机器人高层技能以及机器人生态系统的集合体，如图 4 - 1 - 2 所示。

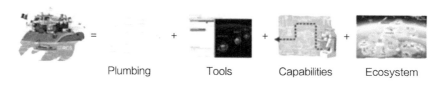

图 4 - 1 - 2　ROS 设计者对 ROS 的表述

3. ROS 的设计目标

机器人开发的分工思想，实现了不同研发团队间的共享和协作，提升了机器人的研发效率，为了服务"分工"，ROS 主要设计了如下目标。

1）代码复用：ROS 的目标不是成为具有最多功能的框架，ROS 的主要目标是支持机器人技术研发中的代码重用。

2）分布式：ROS 是进程（也称为 Nodes）的分布式框架，ROS 中的进程可分布于不同主机，不同主机协同工作，从而分散计算压力。

3）松耦合：ROS 中功能模块封装于独立的功能包或元功能包，便于分享，功能包内的模块以节点为单位运行，以 ROS 标准的 IO 作为接口，开发者不需要关注模块内部实现，只要了解接口规则就能实现复用，实现模块间点对点的松耦合连接。

4）精简：ROS 被设计为尽可能精简，以便实现为 ROS 编写的代码可以与其他机器人软件框架一起使用。ROS 易于与其他机器人软件框架集成，已与 OpenRAVE，Orocos 和 Player 集成。

5）语言独立性：包括 Java、C ++ 、Python 等。为了支持更多应用开发和移植，ROS 设计为一种语言弱相关的框架结构，使用简洁、中立的定义语言描述模块间的消息接口，在编译中再产生所使用语言的目标文件，为消息交互提供支持，同时允许消息接口的嵌套使用。

6）易于测试：ROS 具有称为 rostest 的内置单元/集成测试框架，可轻松安装和拆卸测试工具。

7）大型应用：ROS 适用于大型运行系统和大型开发流程。

8）丰富的组件化工具包：ROS 可采用组件化方式集成一些工具和软件到系统中，并作为一个组件直接使用，如 RVIZ（3D 可视化工具），开发者根据 ROS 定义的接口在其中显示机器人模型等，组件还包括仿真环境和消息查看工具等。

9）免费且开源：开发者众多，功能包多。

4. ROS 的版本

ROS 的发行版本（ROS distribution）指 ROS 软件包的版本，它与 Linux 的发行版本（如 Ubuntu）的概念类似。推出 ROS 发行版本的目的在于使开发人员可以使用相对稳定的代码库，直到其准备好将所有内容进行版本升级为止。因此，每个发行版本推出后，ROS 开发者通常仅对这一版本的 bug 进行修复，同时提供少量针对核心软件包的改进。

版本特点：按照英文字母顺序命名，ROS 目前已经发布了 ROS1 的终极版本 noetic，并建议后期过渡至 ROS2 版本。noetic 版本之前默认使用的是 Python2，支持 Python3。

建议版本：noetic 或 melodic 或 kinetic。

ROS 的主要发行版本的版本名称、发布时间与版本生命周期见表 4 - 1 - 1。

表 4 - 1 - 1　ROS 发行版信息

版本名称	发布日期	版本生命周期	操作系统平台
ROS Noetic Ninjemys	2020 年 5 月	2025 年 5 月	Ubuntu 20. 04
ROS Melodic Morenia	2018 年 5 月 23 日	2023 年 5 月	Ubuntu 17. 10、Ubuntu 18. 04、Debian 9、Windows 10
ROS Lunar Loggerhead	2017 年 5 月 23 日	2019 年 5 月	Ubuntu 16. 04、Ubuntu 16. 10、Ubuntu 17. 04、Debian 9
ROS Kinetic Kame	2016 年 5 月 23 日	2021 年 4 月	Ubuntu 15. 10、Ubuntu 16. 04、Debian 8
ROS Jade Turtle	2015 年 5 月 23 日	2017 年 5 月	Ubuntu 14. 04、Ubuntu 14. 10、Ubuntu 15. 04
ROS Indigo Igloo	2014 年 7 月 22 日	2019 年 4 月	Ubuntu 13. 04、Ubuntu 14. 04
ROS Hydro Medusa	2013 年 9 月 4 日	2015 年 5 月	Ubuntu 12. 04、Ubuntu 12. 10、Ubuntu 13. 04
ROS Groovy Galapagos	2012 年 12 月 31 日	2014 年 7 月	Ubuntu 11. 10、Ubuntu 12. 04、Ubuntu 12. 10
ROS Fuerte Turtle	2012 年 4 月 23 日	—	Ubuntu 10. 04、Ubuntu 11. 10、Ubuntu 12. 04
ROS Electric Emys	2011 年 8 月 30 日	—	Ubuntu 10. 04、Ubuntu 10. 10、Ubuntu 11. 04、Ubuntu 11. 10
ROS Diamondback	2011 年 3 月 2 日	—	Ubuntu 10. 04、Ubuntu 10. 10、Ubuntu 11. 04
ROS C Turtle	2010 年 8 月 2 日	—	Ubuntu 9. 04、Ubuntu 9. 10、Ubuntu 10. 04、Ubuntu 10. 10
ROS Box Turtle	2010 年 3 月 2 日	—	Ubuntu 8. 04、Ubuntu 9. 04、Ubuntu 9. 10、Ubuntu 10. 04

二、ROS 的架构

按照官方的说法，可以分别从计算图、文件系统和开源社区视角来理解 ROS 架构，如图 4 - 1 - 3所示。

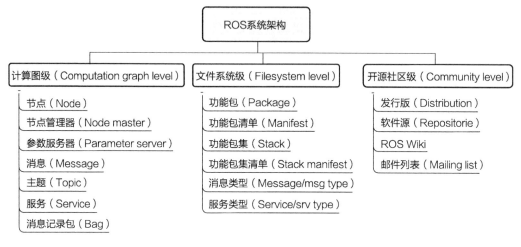

图 4 - 1 - 3　ROS 架构

1. 从计算图视角理解 ROS 架构

ROS 中可执行程序的基本单位叫节点（node），节点之间通过消息机制进行通信，这样就组成了一张网状图，也叫计算图，如图 4 - 1 - 4 所示。

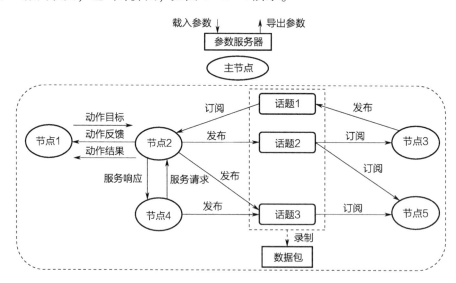

图 4 - 1 - 4　ROS 的计算图结构

在这一层级中最基本的概念包括节点、节点管理器、数据包、参数服务器、消息、服务和主题，这些概念都以不同的方式向计算图级提供数据。

（1）节点（Node）

节点是可执行程序，通常也叫进程。ROS 功能包中创建的每个可执行程序在被启动加载到系统进程中后，就是一个 ROS 节点，如图 4-1-4 中的节点 1、节点 2、节点 3 等。

节点之间通过收发消息进行通信，消息收发机制分为话题（topic）、服务（service）和动作（action）三种，如图 4-1-4 中的节点 2 与节点 3、节点 2 与节点 5 采用话题通信，节点 2 与节点 4 采用服务通信，节点 1 与节点 2 采用动作通信。计算图中的节点、话题、服务、动作都要有唯一名称作为标识。

ROS 利用节点将代码和功能解耦，提高了系统的容错性和可维护性。所以，最好让每个节点都具有特定的单一功能，而不是创建一个包罗万象的庞大节点。如果用 C++编写节点，需要用到 ROS 提供的 roscpp 库；如果用 Python 编写节点，需要用到 ROS 提供的 rospy 库。

（2）节点管理器（Master）

节点管理器向 ROS 系统中其他节点提供命名和注册服务。它像服务一样追踪主题的发布者和订阅者。节点管理器的作用是使节点之间能够互相查找。一旦这些节点找到了彼此，就能建立点对点的通信。

（3）数据包（Rosbag）

数据包（Rosbag）是 ROS 中专门用来保存和回放话题中数据的文件，可以将一些难以收集的传感器数据用数据包录制下来，然后反复回放来进行算法性能调试。

（4）参数服务器（Parameter Server）

参数服务器能够为整个 ROS 网络中的节点提供便于修改的参数。参数可以认为是节点中可供外部修改的全局变量，有静态参数和动态参数。静态参数一般用于在节点启动时设置节点工作模式；动态参数可以用于在节点运行时动态配置节点或改变节点工作状态，比如电机控制节点里的 PID 控制参数。

（5）消息（Message）

节点通过消息完成彼此的沟通。消息包括一个节点发生到其他节点的信息数据。ROS 中包括很多种标准类型的消息，同时用户也可以基于标准消息开发自定义类型的消息。

（6）主题（Topic）

每个消息都必须有一个名称来被 ROS 网络路由。每一条消息都要发布到相应的主题。当一个节点发送数据时，我们就说该节点正在向主题发布消息。节点可以通过订阅某个主题，接收来自其他节点的消息。主题的名称必须是独一无二的，否则在同名主题之间的消息路由就会发生错误。

（7）服务（Service）

当用户需要直接与节点通信并获得应答时，将无法通过主题实现，从而需要服务。此外，服务必须有唯一的名称。当一个节点提供某个服务时，所有的节点都可以通过使用 ROS 客户端编写的代码与它通信。

主节点负责各个节点之间通信过程的调度管理。因此主节点必须要最先启动，可以通过 roscore 命令启动。

2. 从文件系统视角理解 ROS 架构

ROS 程序的不同组件要放在不同的文件夹中，这些文件夹根据不同的功能对文件进行组织，这就是 ROS 的文件系统结构，如图 4-1-5 所示。

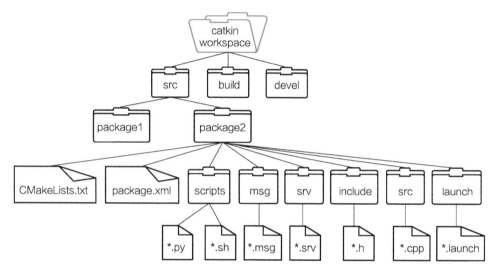

图 4-1-5　ROS 的文件系统结构

（1）工作空间

工作空间是一个包含功能包、编译包和编译后可执行文件的文件夹，用户可以根据自己的需要创建多个工作空间，在每个工作空间中开发不同用途的功能包。在图 4-1-5 中，我们创建了一个名为 catkin_ws 的工作空间，其中包含 src、build 和 devel 三个文件夹。

1）src 文件夹。src 文件夹放置各个功能包和配置功能包的 CMake 配置文件 CMakeLists. txt。这里说明一下，由于 ROS 中的源码采用 catkin 工具进行编译，而 catkin 工具又基于 CMake 技术，所以我们在 src 源文件空间和各个功能包中都会见到一个 CMake 配置文件 CMakeLists. txt，这个文件起到配置编译的作用。

2）build 文件夹。build 文件夹放置编译 CMake 和 catkin 功能包时产生的缓存、配置、中间文件等。

3）devel 文件夹。devel 文件夹放置编译好的可执行程序，这些可执行程序是不需要安装就能直接运行的。一旦功能包源码编译和测试通过后，可以将这些编译好的可执行文件直接导出与其他开发人员分享。

（2）功能包

功能包是 ROS 中软件组织的基本形式，具有创建 ROS 程序的最小结构和最少内容，它包含 ROS 节点源码、脚本、配置文件等。

1）CMakeLists. txt。CMakeLists. txt 是功能包配置文件，用于编译 Cmake 功能包编译时的编译配置。

2）package. xml。package. xml 是功能包清单文件，用 xml 的标签格式标记该功能包的各类相关信息，比如包的名称、开发者信息、依赖关系等，它的主要是为了使功能包的安装和分发更容易。

3）include/ < pkg_name >。include/ < pkg_name >是功能包头文件目录，可以把功能包程序中包含的 ∗. h 头文件放在这里。include 目录之所以还要加一级路径 < pkg_name >是为了更好地区分自己定义的头文件和系统标准头文件，< pkg_name >用实际功能包的名称替代。不过这个文件夹不是必要项，比如有些程序没有头文件。

4）msg、srv、action。msg、srv 和 action 这三个文件夹分别用于存放非标准话题消息、服务消息和动作消息的定义文件。ROS 支持用户自定义消息通信过程中使用的消息类型。这些自定义消息不是必要的，比如程序只使用标准消息类型。

5）scripts 目录。scripts 目录存放 Bash、Python 等脚本文件，为非必要项。

6）launch 目录。launch 目录存放节点的启动文件，∗. launch 文件用于启动一个或多个节点，在含有多个节点的大型项目中很有用，但它是非必要项。

7）src 目录。src 目录存放功能包节点所对应的源代码，一个功能包中可以有多个节点程序来完成不同的功能，每个节点程序都可以单独运行。这里 src 目录存放的是这些节点程序的源代码，你可以按需创建文件夹和文件来组织源代码，源代码可以用 C + +、Python 等编写。

3. 从开源社区视角理解 ROS 架构

ROS 是开源软件，各个独立的网络社区分享和贡献软件及教程，形成了强大的 ROS 开源社区，如图 4 - 1 - 6 所示。

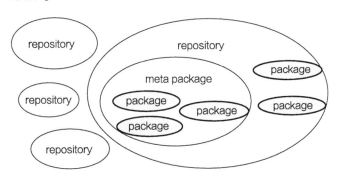

图 4 -1 -6 ROS 的开源社区结构

ROS 的发展依赖于开源和共享的软件，这些代码由不同的机构共享和发布，比如 GitHub 源码共享、Ubuntu 软件仓库发布、第三方库等。ROS 的官方 wiki 是重要的文档讨论社区，在里面可以很方便地发布与修改相应的文档页面。ROS 的 answer 主页里有大量 ROS 开发者的提问和回答，对 ROS 开发中遇到的各种问题的讨论很活跃。

三、ROS 的应用

1. ROS 应用领域

ROS 是全球范围内智能机器人领域最为前沿的开源操作系统。ROS 作为机器人的大脑，广泛应用于工厂 AGV 作业机器人、智能立体仓库、送餐及快递等服务机器人、自动驾驶、机械手智能控制等新兴智能机器人领域。

例如：机器人控制器中的主要供应者 KEBA，他们的控制器已经支持 ROS，美国 NASA 基于 ROS 开发的 Robonaut 2 已经在国际空间站里干活了，百度 apollo 无人车的底层是基于 ROS 开发的，ROS – I 最近正准备和微软、宝马合作，开发一套自动化解决方案。

2. ROS 在自动驾驶上的应用

想要制造无人驾驶汽车，有很多关键问题需要解决。例如怎么在车内搭建可靠的网络，如何管理内存、存储数据和日志记录，如何使传感器和计算机能够同时相互通信，以及如何确保它们都很稳定且安全。机器人操作系统 ROS 为许多问题提供了开源解决方案。要保证一个复杂的系统稳定、高效地运行，保证每个模块都能发挥出最大的潜能，需要一个成熟有效的管理机制。

在无人驾驶场景中，ROS 提供了这样一个管理机制，使得系统中的每个软硬件模块都能有效地进行互动。原生的 ROS 提供了许多必要的功能，但是这些功能并不能满足无人驾驶的所有需求，因此必须在 ROS 之上进一步地提高系统的性能与可靠性，完成有效的资源管理及隔离。

四、ROS 环境部署

部署方法和步骤请扫码查看。

ROS环境部署

任务小结

1. 机器人操作系统（Robot Operating System，ROS）适用于机器人的开源元操作系统，集成了大量的工具、库、协议，提供类似 OS 所提供的功能，简化对机器人的控制。

2. ROS 设计思想是"分工合作"，ROS 的设计目标：代码复用、分布式、松耦合、精简、语言独立性、易于测试、大型应用、丰富的组件化工具包、免费且开源。

3. ROS 的发行版本指 ROS 软件包的版本，按照英文字母顺序命名，ROS 目前已经发布了 ROS1 的终极版本 noetic。

4. 按照官方的说法，可以分别从计算图、文件系统和开源社区视角来理解 ROS 架构。

5. 文件系统：ROS 文件系统级指的是在硬盘上面查看的 ROS 源代码的组织形式。

6. 计算图：ROS 分布式系统中不同进程需要进行数据交互，计算图可以用点对点的网络形式表现数据交互过程，计算图中的重要概念：节点（Node）、消息（Message）、通信机制_主题（Topic）、通信机制_服务（Service）。

7. 开源社区：ROS 的社区级概念是 ROS 网络上进行代码发布的一种表现形式。

学习任务二
ROS 通信机制

任务描述

机器人是一种高度复杂的系统性实现，在机器人上可能集成各种传感器（雷达、摄像头、GPS...）以及运动控制实现，为了解耦合，在 ROS 中每一个功能点都是一个单独的进程，每一个进程都是独立运行的。更确切地讲，ROS 是进程（也称为 Nodes）的分布式框架。因为这些进程甚至还可分布于不同主机，不同主机协同工作，从而分散计算压力。不过随之也有一个问题：不同的进程是如何通信的？也即不同进程间如何实现数据交换的？在此我们就需要介绍一下 ROS 中的通信机制了。

本任务主要介绍各个通信机制的应用场景、理论模型、代码实现以及相关操作命令。

学习目标

知识目标

1. 能够描述 ROS 中常用的通信机制。
2. 能够说明 ROS 中每种通信机制的理论模型。
3. 能够以代码的方式实现各种通信机制对应的案例。
4. 能够运用 ROS 中的一些操作命令，编写相关实操案例程序。

素养目标

1. 激发学生的爱国情怀，引导学生深入学习相关领域知识和投身国防与经济建设。
2. 培养学生举一反三的运用能力，正确运用 ROS 通信机制知识。
3. 基于 ROS 通信机制，培养学生创新能力，自主进行应用开发。

知识准备

ROS 中的基本通信机制主要有如下三种实现策略：话题通信（发布订阅模式）、服务通信（请求响应模式）、参数服务器（参数共享模式）。

一、话题通信

1. 话题通信概念及应用场景

（1）话题通信概念

话题通信是 ROS 中使用频率最高的一种通信模式，话题通信是以发布订阅的方式实现不同节点之间数据交互的通信模式，也即：一个节点发布消息，另一个节点订阅该消息。

（2）话题通信应用场景

话题通信用于不断更新的、少逻辑处理的数据传输场景。它的应用场景极其广泛，主要包括以下场景。

1）机器人在执行导航功能，使用的传感器是激光雷达，机器人会采集激光雷达感知到的信息并计算，然后生成运动控制信息驱动机器人底盘运动。在上述场景中，就不止一次使用到了话题通信。以激光雷达信息的采集处理为例，在 ROS 中有一个节点需要实时发布当前雷达采集到的数据，导航模块中也有节点会订阅并解析雷达数据。

2）再以运动消息的发布为例，导航模块会根据传感器采集的数据实时计算出运动控制信息并发布给底盘，底盘也可以有一个节点订阅运动信息，并最终转换成控制电机的脉冲信号。

以此类推，像雷达、摄像头、GPS 等一些传感器数据的采集，也都是使用了话题通信，换言之，话题通信适用于不断更新的数据传输相关的应用场景。

2. 话题通信模型

话题通信实现模型是比较复杂的，该模型如图 4 - 2 - 1 所示，该模型中涉及三个角色：ROS master（管理者）、Talker（发布者）、Listener（订阅者）。

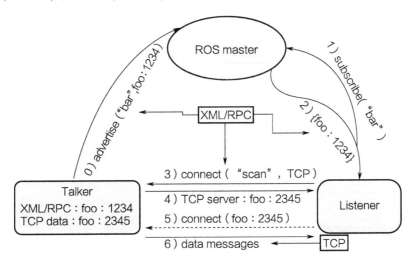

图 4 - 2 - 1　话题通信模型

ROS master 负责保管 Talker 和 Listener 注册的信息，并匹配话题相同的 Talker 与 Listener，帮助 Talker 与 Listener 建立连接，连接建立后，Talker 可以发布消息，且发布的消息会被 Listener 订阅。

3. 话题通信基本操作（C ++）

需求：编写发布订阅实现，要求发布方以 10Hz（每秒 10 次）的频率发布文本消息，订阅方订阅消息并将消息内容打印输出。

话题通信基本
操作（C++）

分析：在模型实现中，ROS master 不需要实现，而连接的建立也已经被封装了，需要关注的关键点有三个：发布方、接收方、数据（此处为普通文本）。

流程：编写发布方实现；编写订阅方实现；编辑配置文件；编译并执行。具体流程和代码请扫码查看。

4. 通信自定义 msg

在 ROS 通信协议中，数据载体是一个较为重要组成部分，ROS 中通过 std _msgs 封装了一些原生的数据类型，比如：String、Int32、Int64、Char、Bool、Empty…… 但是，这些数据一般只包含一个 data 字段，结构的单一意味着功能上的局限性，当传输一些复杂的数据，比如：传输激光雷达的信息时，std_msgs 由于描述性较差而显得力不从心，这种场景下可以使用自定义的消息类型。

msgs 只是简单的文本文件，每行具有字段类型和字段名称，可以使用的字段类型如图 4 - 2 - 2 所示。

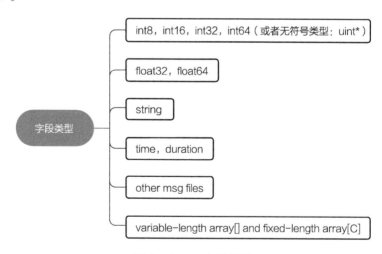

图 4 - 2 - 2　字段类型

需求：创建自定义消息，该消息包含人的信息，姓名、身高、年龄等。

流程：按照固定格式创建 msg 文件、编辑配置文件、编译生成可以被 Python 或 C ++ 调用的中间文件。

（1）定义 msg 文件

功能包下新建 msg 目录，添加文件 Person. msg。

```
string name
uint16 age
float64 height
```

（2）编辑配置文件

1）package. xml 中添加编译依赖与执行依赖。

```
<build_depend>message_generation</build_depend>
<exec_depend>message_runtime</exec_depend>
<!--
exce_depend 以前对应的是 run_depend 现在非法
-->
```

2）CMakeLists. txt 编辑 msg 相关配置。

```
find_package(catkin REQUIRED COMPONENTS
  roscpp
  rospy
  std_msgs
  message_generation
```

需要加入 message_generation,必须有 std_msgs

```
## 配置 msg 源文件
add_message_files(
  FILES
  Person.msg
```

生成消息时依赖于 std_msgs

```
generate_messages(
  DEPENDENCIES
  std_msgs
```

#执行时依赖

```
catkin_package(
#  INCLUDE_DIRS include
#  LIBRARIES demo02_talker_listener
  CATKIN_DEPENDS roscpp rospy std_msgs message_runtime
#  DEPENDS system_lib
```

（3）编译

编译后的中间文件查看，C ++需要调用的中间文件（.../工作空间/devel/include/包名/xxx. h），如图4 - 2 - 3所示。

图4 - 2 - 3　编译后的中间文件

5. 话题通信自定义 msg 调用

需求：编写发布订阅实现，要求发布方以10Hz（每秒10次）的频率发布文本消息，订阅方订阅消息并将消息内容打印输出。

分析：在模型实现中，ROS master 不需要实现，而连接的建立也已经被封装了，需要关注的关键点有三个：发布方、接收方、数据（此处为普通文本）。

流程：编写发布方实现；编写订阅方实现；编辑配置文件；编译并执行。具体流程和代码请扫码查看。

二、服务通信

1. 服务通信概念及应用场景

（1）服务通信概念

服务通信也是 ROS 中一种极其常用的通信模式，以请求响应的方式实现不同节点之间数据交互的通信模式，是一种应答机制。也即：一个节点 A 向另一个节点 B 发送请求，B 接收处理请求并产生响应结果返回给 A。

（2）服务通信应用场景

服务通信更适用于对实时性有要求、具有一定逻辑处理的应用场景。比如：机器人巡逻过程中，控制系统分析传感器数据发现可疑物体或人，此时需要拍摄照片并留存。

在上述场景中，就使用到了服务通信。一个节点需要向相机节点发送拍照请求，相机节点处理请求，并返回处理结果。

2. 服务通信理论模型

服务通信较之于话题通信更简单些，理论模型如图4 - 2 - 4所示，该模型中涉及三个角色：ROS master（管理者）、Server（服务端）、Client（客户端）。

ROS master 负责保管 Server 和 Client 注册的信息，并匹配话题相同的 Server 与 Client，帮

助 Server 与 Client 建立连接，连接建立后，Client 发送请求信息，Server 返回响应信息。

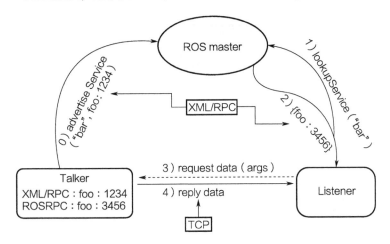

图 4 - 2 - 4　服务通信理论模型

3. 服务通信自定义 srv

需求：服务通信中，客户端提交两个整数至服务端，服务端求和并响应结果到客户端，请创建服务器与客户端通信的数据载体。

流程：srv 文件内的可用数据类型与 msg 文件一致，且定义 srv 实现流程与自定义 msg 实现流程类似，按照固定格式创建 srv 文件、编辑配置文件、编译生成中间文件。

（1）定义 srv 文件

服务通信中，数据分成两部分，请求与响应，在 srv 文件中请求和响应相互分割，具体实现过程如下。

功能包下新建 srv 目录，添加 xxx.srv 文件，内容：

```
# 客户端请求时发送的两个数字
int32 num1
int32 num2
---
# 服务器响应发送的数据
int32 sum
```

（2）编辑配置文件

package.xml 中添加编译依赖与执行依赖。

```
<build_depend>message_generation</build_depend>
<exec_depend>message_runtime</exec_depend>
<!--
exce_depend 以前对应的是 run_depend 现在非法
-->
```

CMakeLists. txt 编辑 srv 相关配置。

```
find_package(catkin REQUIRED COMPONENTS
  roscpp
  rospy
  std_msgs
  message_generation
```

需要加入 message_generation,必须有 std_msgs

```
add_service_files(
  FILES
  AddInts.srv
```

需要加入 message_generation,必须有 std_msgs
```
generate_messages(
  DEPENDENCIES
  std_msgs
```

(3) 编译

编译后的中间文件查看:

C ++ 需要调用的中间文件 (.../工作空间/devel/include/包名/xxx. h)。

4. 服务通信自定义 srv 调用

需求:编写服务通信,客户端提交两个整数至服务端,服务端求和并响应结果到客户端。

分析:在模型实现中,ROS master 不需要实现,而连接的建立也已经被封装了,需要关注的关键点有三个:服务端、客户端、数据。

流程:编写服务端实现;编写客户端实现;编辑配置文件;编译并执行。

(1) vscode 配置

需要像之前自定义 msg 实现一样配置 c_cpp_properies. json 文件,如果以前已经配置且没有变更工作空间,可以忽略,如果需要配置,配置方式与之前相同。

```
{
    "configurations":[
        {
            "browse":{
                "databaseFilename": "",
                "limitSymbolsToIncludedHeaders": true
            },
```

```
        "includePath": [
            "/opt/ros/noetic/include/**",
            "/usr/include/**",
            "/xxx/yyy工作空间/devel/include/**"    //配置head文件的路径
        ],
        "name": "ROS",
        "intelliSenseMode": "gcc-x64",
        "compilerPath": "/usr/bin/gcc",
        "cStandard": "c11",
        "cppStandard": "c++17"
    }
    ],
    "version": 4
}
```

（2）服务端

```
#include "ros/ros.h"
#include "demo03_server_client/AddInts.h"

//bool 返回值由于标志是否处理成功
bool doReq(demo03_server_client::AddInts::Request& req,
        demo03_server_client::AddInts::Response& resp){
    int num1 = req.num1;
    int num2 = req.num2;

    ROS_INFO("服务器接收到的请求数据为:num1 = %d, num2 = %d",num1, num2);

    //逻辑处理
    if (num1 < 0 || num2 < 0)
    {
        ROS_ERROR("提交的数据异常:数据不可以为负数");
        return false;
    }

    //如果没有异常,那么相加并将结果赋值给 resp
    resp.sum = num1 + num2;
    return true;


}
```

```
int main(int argc, char *argv[])
{
    setlocale(LC_ALL,"");
    //2.初始化 ROS 节点
    ros::init(argc,argv,"AddInts_Server");
    //3.创建 ROS 句柄
    ros::NodeHandle nh;
    //4.创建 服务 对象
    ros::ServiceServer server = nh.advertiseService("AddInts",doReq);
    ROS_INFO("服务已经启动....");
    //    5.回调函数处理请求并产生响应
    //    6.由于请求有多个,需要调用 ros::spin()
    ros::spin() ;
    return 0;
}
```

(3) 客户端

```
//1.包含头文件
#include "ros/ros.h"
#include "demo03_server_client/AddInts.h"

int main(int argc, char *argv[])
{
    setlocale(LC_ALL,"");

    //调用时动态传值,如果通过 launch 的 args 传参,需要传递的参数个数 +3
    if (argc ! =3)
    //if (argc ! =5)//launch 传参(0 - 文件路径 1 传入的参数 2 传入的参数 3 节点名称 4
日志路径)
    {
        ROS_ERROR("请提交两个整数");
        return 1;
    }


    //2.初始化 ROS 节点
    ros::init(argc,argv,"AddInts_Client");
    //3.创建 ROS 句柄
    ros::NodeHandle nh;
    //4.创建 客户端 对象
```

```
        ros::ServiceClient client =
nh.serviceClient < demo03_server_client::AddInts >("AddInts");
        //等待服务启动成功
        //方式1
        ros::service::waitForService("AddInts");
        //方式2
        //client.waitForExistence();
        //5.组织请求数据
        demo03_server_client::AddInts ai;
        ai.request.num1 = atoi(argv[1]);
        ai.request.num2 = atoi(argv[2]);
        //6.发送请求,返回 bool 值,标记是否成功
        bool flag = client.call(ai);
        //7.处理响应
        if (flag)
        {
            ROS_INFO("请求正常处理,响应结果:% d",ai.response.sum);
        }
        else
        {
            ROS_ERROR("请求处理失败....");
            return 1;
        }

        return 0;
}
```

（4）配置 CMakeLists. txt

```
add_executable(AddInts_Server src/AddInts_Server.cpp)
add_executable(AddInts_Client src/AddInts_Client.cpp)


add_dependencies(AddInts_Server ${PROJECT_NAME}_gencpp)
add_dependencies(AddInts_Client ${PROJECT_NAME}_gencpp)


target_link_libraries(AddInts_Server
  ${catkin_LIBRARIES}

target_link_libraries(AddInts_Client
  ${catkin_LIBRARIES}
```

（5）执行

1）流程：

需要先启动服务：rosrun 包名 服务。

然后再调用客户端：rosrun 包名 客户端 参数1 参数2。

2）结果：

会根据提交的数据响应相加后的结果。

三、参数服务器

参数服务器相关内容请扫码查看。

参数服务器

任务小结

1. ROS 中基本通信机制主要有如下三种实现策略：话题通信（发布订阅模式）、服务通信（请求响应模式）、参数服务器（参数共享模式）。

2. 话题通信：以发布订阅的方式实现不同节点之间数据交互的通信模式，用于不断更新的、少逻辑处理的数据传输场景。该模型三大角色：ROS master（管理者）、Talker（发布者）、Listener（订阅者）。

3. 服务通信：以请求响应的方式实现不同节点之间数据交互的通信模式，用于对实时性有要求、具有一定逻辑处理的应用场景，该模型三大角色：ROS master（管理者）、Server（服务端）、Client（客户端）。

4. 参数服务器：以共享的方式实现不同节点之间数据交互的通信模式，用于实现不同节点之间的数据共享。该模型三大角色：ROS master（管理者）、Talker（参数设置者）、Listener（参数调用者）。

5. ROS 常用命令：

1）rosnode 命令：操作节点。

2）rostopic 命令：操作话题。

3）rosservice 命令：操作服务。

4）rosmsg 命令：操作 msg 消息。

5）rossrv 命令：操作 srv 消息。

6）rosparam 命令：操作参数。

学习任务三
ROS 通信机制进阶

任务描述

当前，ROS（Robot Operating System）系统已成为一种"标准"，它可以提供丰富的工具，在模块之间架起桥梁，使得团队协作更加方便。现在，ROS 支持非常多种类型的机器人，有很多人在此平台上进行开发，完成科研及实际应用的项目，已经形成了一个颇具规模的社区。上一个任务主要介绍了 ROS 通信的实现，内容偏向于粗线的通信框架讲解，没有详细介绍涉及 API，也没有封装代码。

本任务主要介绍 ROS 开发的常用 API 以及 ROS 中自定义头文件与源文件的使用，使同学们掌握 ROS 常用 API 以及自定义头文件与源文件的配置。

学习目标

知识目标

1. 能够说明 ROS 常用 API。
2. 能够描述自定义头文件与源文件的使用方法。

素养目标

1. 学习 API 的先行者们积累的经验；激发学生研究的精神。
2. 基于 ROS 常用 API，培养学生创新能力，自主进行应用开发。

知识准备

一、常用 API

1. 初始化

（1）函数说明

ROS 初始化函数可以解析并使用节点启动时传入的参数（通过参数设置节点名称、命名空间…）。

函数原型：

void init(int &argc, char ＊＊argv, const std::string& name, uint32_t options ＝0);

（2）参数

初始化函数参数说明见表4－3－1。

表4－3－1 初始化函数参数说明

参数	说明
argc	参数个数
argv	参数列表
name	节点名称，需要保证其唯一性，不允许包含命名空间
options	节点启动选项，被封装进了 ros::init_options

（3）返回值

void。

（4）使用

1）argc yu argv 的使用。如果按照 ROS 中的特定格式传入实参，那么 ROS 可以加以使用，比如可以用来设置全局参数、给节点重命名等。

传递全局参数：

rosrun［包名］［节点名］_［参数名］：＝［参数值］

2）options 的使用。节点名称需要保证唯一性，会导致一个问题，同一个节点不能重复启动。当一个重复的节点被启动两次，第二次启动会导致第一次节点的 shutdown。但是有些特定的场景下，一个节点需要被启动多次，并且可以正常运行。这时，我们就需要使用 options。使用方法，在调用函数的时候输入：

ros::init(argc,argv,"节点名",ros::init_options::AnonymousName);

这样在创建 ROS 节点时，会在用户自定义的节点名称后缀添加随机数，从而避免重名问题。

2. 话题与服务相关对象

在 roscpp 中，话题和服务的相关对象一般由 NodeHandle 创建。

话题发布对象是 ROS 的话题通信中的发布方，也就是发出信息的一方。在获取该对象时，会通过 RPC 在 ROS master 中注册自身信息，其中包含所发布消息的话题名称。

话题发布者对象为 ros 命名空间下的 Publisher 类，通过 NodeHandle 类中的 advertise 函数初始化。

1）函数说明。根据话题生成发布对象，在 ROS master 注册并返回一个发布者对象，该对象可以发布消息。

2）函数原型。

```
ros::Publisher pub = handle.advertise < std_msgs::Empty > ("my_topic", 1);
template < class M >
Publisher advertise(const std::string& topic, uint32_t queue_size, bool latch = false)
```

3）函数参数。函数参数说明见表 4 − 3 − 2。

表 4 − 3 − 2   advertise 函数参数说明

参数	说明
topic	发布消息使用的话题
queue_size	等待发送给订阅者的最大消息数量
latch（optional）	默认为 false，如果是 true，会保存发布方的最后一个消息，并且新的订阅对象连接到发布方时，发布方将这条消息发布给订阅者

4）函数返回值。return 调用成功时，会返回一个发布对象。

5）Publisher 对象发布消息函数。该函数将数据 message 发送到已连接的订阅者，message 类型可以为任意类型。

```
template < typename M >
void publish( const M& message) const
```

3. 回旋函数

回旋函数是 ROS 中非常常用的功能函数，作用是处理程序中的所有可用的回调函数，当函数执行条件触发时，就去执行函数。

（1）spinOnce()单次回旋函数

spinOnce()函数用于处理一轮回调，一般应用在循环体内，处理所有可用的回调函数。

```
ROSCPP_DECL void spinOnce();
```

（2）spin()无限回旋函数

进入循环处理回调。

```
ROSCPP_DECL void spin();
```

（3）二者比较

相同点：二者都用于处理回调函数。

不同点：ros::spin()是进入了循环执行回调函数，而 ros::spinOnce()只会执行一次回调函数（没有循环），在 ros::spin()后的语句不会执行到，而 ros::spinOnce()后的语句可以执行。

4. 时间

ROS 中时间相关的 API 是极其常用，比如：获取当前时刻、持续时间的设置、执行频率、休眠、定时器等都与时间相关。

（1）时刻

获取时刻，或是设置指定时刻：

```
ros::init(argc,argv,"hello_time");
ros::NodeHandle nh;//必须创建句柄,否则时间没有初始化,导致后续 API 调用失败
ros::Time right_now=ros::Time::now();//将当前时刻封装成对象
ROS_INFO("当前时刻:% .2f",right_now.toSec());//获取距离 1970 年 01 月 01 日 00:00:00 的秒数
ROS_INFO("当前时刻:% d",right_now.sec);//获取距离 1970 年 01 月 01 日 00:00:00 的秒数
ros::Time someTime(100,100000000);//参数 1:秒数  参数 2:纳秒数
ROS_INFO("时刻:% .2f",someTime.toSec());//100.10
ros::Time someTime2(100.3);//直接传入 double 类型的秒数
ROS_INFO("时刻:% .2f",someTime2.toSec());//100.30
```

（2）持续时间

设置一个时间区间（间隔）：

```
ROS_INFO("当前时刻:% .2f",ros::Time::now().toSec());
ros::Duration du(10);//持续 10s,参数是 double 类型的,以秒为单位
du.sleep();//按照指定的持续时间休眠
ROS_INFO("持续时间:% .2f",du.toSec());//将持续时间换算成秒
ROS_INFO("当前时刻:% .2f",ros::Time::now().toSec());
```

（3）持续时间与时刻运算

为了方便使用，ROS 中提供了时间与时刻的运算：

```
ROS_INFO("时间运算");
ros::Time now=ros::Time::now();
ros::Duration du1(10);
ros::Duration du2(20);
ROS_INFO("当前时刻:% .2f",now.toSec());
//1.time 与 duration 运算
ros::Time after_now=now + du1;
ros::Time before_now=now - du1;
ROS_INFO("当前时刻之后:% .2f",after_now.toSec());
ROS_INFO("当前时刻之前:% .2f",before_now.toSec());
```

```
//2.duration 之间相互运算
ros::Duration du3 = du1 + du2;
ros::Duration du4 = du1 - du2;
ROS_INFO("du3 = %.2f",du3.toSec());
ROS_INFO("du4 = %.2f",du4.toSec());
//PS：time 与 time 不可以运算
//ros::Time nn = now + before_now; //异常
```

（4）设置运行频率

```
ros::Rate rate(1); //指定频率
while (true)
{
    ROS_INFO(" -----------code -----------");
    rate.sleep(); //休眠，休眠时间 =1 /频率。
}
```

（5）定时器

ROS 中内置了专门的定时器，可以实现与 ros:: Rate 类似的效果。函数原型：

```
/*********************************************************************
*    @ 简介 创建一个定时器,按照指定频率调用回调函数。
*
* 参数1 @ period 时间间隔(Duration 类型)
* 参数2 @ callback 回调函数 (函数指针)
* 参数3 @ oneshot 如果设置为 true,只执行一次回调函数,设置为 false,就循环执行。
* 参数4 @ autostart 如果为 true,返回已经启动的定时器,设置为 false,需要手动启动。

    @ 返回值 成功返回一个定时器对象
    @ 说明 定时器相当于一个闹钟,隔一段时间响一次(执行回调函数)
*********************************************************************/
Timer createTimer ( Duration period, const TimerCallback& callback, bool
oneshot = false,
                bool autostart = true) const;
void doSomeThing(const ros::TimerEvent&event){
    ROS_INFO(" -------------");
    ROS_INFO("event:%s",std::to_string(event.current_real.toSec()).c_str());
}
```

5. 其他函数

在发布实现时，一般会循环发布消息，循环的判断条件一般由节点状态来控制，C ++ 中可以通过 ros:: ok()来判断节点状态是否正常，导致节点退出的原因主要有如下几种。

1）节点接收到了关闭信息，比如常用的 ctrl + c 快捷键就是关闭节点的信号。

2）同名节点启动，导致现有节点退出。

3）程序中的其他部分调用了节点关闭相关的 API（C + + 中是 ros::shutdown()，python 中是 rospy. signal_shutdown()）。

另外，日志相关的函数也是极其常用的，在 ROS 中日志被划分成不同级别，见表 4 - 3 - 3。

表 4 - 3 - 3　不同级别的日志相关函数

级别	说明
DEBUG（调试）	只在调试时使用，此类消息不会输出到控制台
INFO（信息）	标准消息，一般用于说明系统内正在执行的操作
WARN（警告）	提醒一些异常情况，但程序仍然可以执行
ERROR（错误）	提示错误信息，此类错误会影响程序运行
FATAL（严重错误）	此类错误将阻止节点继续运行

（1）节点关闭函数

```
/******************************************************************
 *   @ 简介 关闭节点
 *   @ 示例 ros::shutdown();
 ******************************************************************/
void shutdown();
```

（2）节点状态判断函数

```
/******************************************************************
 *   @ 简介 检查节点是否已经退出
 *
 *   ros::shutdown() 被调用且执行完毕后,该函数将会返回 false
 *
 *   @ 返回值 true 节点还健在, false 节点已经退出了。
 ******************************************************************/
bool ok();
```

（3）日志函数

```
ROS_DEBUG("hello,DEBUG"); //不会输出
ROS_INFO("hello,INFO"); //默认白色字体
ROS_WARN("Hello,WARN"); //默认黄色字体
ROS_ERROR("hello,ERROR");//默认红色字体
ROS_FATAL("hello,FATAL");//默认红色字体
```

二、ROS 中的头文件与源文件

ROS 中的头文件与源文件的使用请扫码查看。

ROS 中的头文件
与源文件

任务小结

1. ROS 常用 API 有：ROS 节点的初始化相关 API、NodeHandle 的基本使用相关 API、话题的发布方，订阅方对象相关 API、服务的服务端，客户端对象相关 API、回旋函数相关 API、时间相关 API。

2. ROS 初始化函数：可以解析并使用节点启动时传入的参数。

3. 在 roscpp 中，话题和服务的相关对象一般由 NodeHandle 创建。

4. 在 ROS 程序中，通常使用 ros∷spin() 和 ros∷spinOnce() 两个回旋函数处理回调函数。

5. ROS 中时间相关的 API 是极其常用的，比如：获取当前时刻、持续时间的设置、执行频率、休眠、定时器等。

学习任务四
ROS 运行管理

任务描述

　　ROS 是多进程（节点）的分布式框架，一个完整的 ROS 系统可能包含多台主机；每台主机上又有多个工作空间；每个的工作空间中又包含多个功能包；每个功能包又包含多个节点，不同的节点都有自己的节点名称；每个节点可能还会设置一个或多个话题。在多级层深的 ROS 系统中，其实现与维护可能会出现一些问题，比如，如何关联不同的功能包，繁多的 ROS 节点应该如何启动？功能包、节点、话题、参数重名时应该如何处理？不同主机上的节点如何通信？

　　本任务主要介绍 ROS 元功能包、launch 文件、工作空间覆盖、重名、分布式通信等内容，使同学们能够通过元功能包关联工作空间下的不同功能包，使用 launch 文件来管理维护 ROS 中的节点，掌握节点、话题、参数名称重名时的处理方式，以及实现 ROS 分布式通信。

学习目标

知识目标

1. 描述元功能包、launch 文件使用语法。
2. 说出 ROS 工作空间覆盖的概念。
3. 归纳节点名称、话题名称、参数名称重名时的处理方式。
4. 能够设计 ROS 分布式通信。

素养目标

1. 激发学生兴趣爱好，促进学生在机械、电子系统、高级语言编程各方面的深入学习与专长发展。
2. 激发学生学习编程的热情，培养学生创新能力。
3. 培养学生举一反三的运用能力，正确运用 ROS 运行管理知识及编程。

知识准备

一、ROS 元功能包

完成 ROS 中一个系统性的功能，可能涉及多个功能包，比如实现了机器人导航的模块，该模块下有地图、定位、路径规划等不同的子级功能包。那么调用者安装该模块时，需要逐一地安装每一个功能包吗？

显而易见，逐一安装功能包的效率低下，在 ROS 中提供了一种方式可以将不同的功能包打包成一个功能包，当安装某个功能模块时，直接调用打包后的功能包即可，该包又称之为元功能包（MetaPackage）。

1. 元功能包概念

元功能包 MetaPackage 是 Linux 的一个文件管理系统的概念。它是 ROS 中的一个虚包，里面没有实质性的内容，但是它依赖了其他的软件包，通过这种方法可以把其他包组合起来，我们可以认为它是一本书的目录索引，告诉我们这个包集合中有哪些子包，并且该去哪里下载。

例如：sudo apt install ros-noetic-desktop-full 命令安装 ROS 时就使用了元功能包，该元功能包依赖于 ROS 中的其他一些功能包，安装该包时会一并安装依赖。

还有一些常见的 MetaPackage：navigation moveit！turtlebot3 ....

元功能包的作用是方便用户的安装，我们只需要这一个包就可以把其他相关的软件包组织到一起安装了。

2. 实现

首先新建一个功能包，然后修改 package. xml，内容如下：

```
<exec_depend>被集成的功能包</exec_depend>
.....
<export>
    <metapackage />
</export>
```

最后修改 CMakeLists. txt，内容如下：

```
cmake_minimum_required(VERSION 3.0.2)
project(demo)
find_package(catkin REQUIRED)
catkin_metapackage()
```

二、ROS 节点运行管理 launch 文件

1. 概念

launch 文件是一个 XML 格式的文件，可以启动本地和远程的多个节点，还可以在参数服务器中设置参数，起到简化节点的配置与启动，提高 ROS 程序启动效率的作用。

launch 文件是通过 roslaunch 功能包运行的，命令行格式如下：

```
$ roslaunch package_name file.launch
```

注意：roslaunch 命令执行 launch 文件时，首先会判断是否启动了 roscore，如果启动了，则不再启动，否则，会自动调用 roscore。

2. ros 常用标签

ros 常用标签见表 4 – 4 – 1。

表 4 – 4 – 1　ros 常用标签

标签名	说明
< launch > 标签	launch 文件的根标签，充当其他标签的容器
< node > 标签	指定 ROS 节点
include 标签	将另一个 xml 格式的 launch 文件导入到当前文件
< remap > 标签	话题重命名
< param > 标签	在指定机器上启动节点
< rosparam > 标签	从 YAML 文件导入参数，或将参数导出到 YAML 文件，也可以用来删除参数
< group > 标签	对节点分组
< arg > 标签	用于动态传参，类似于函数的参数，可以增强 launch 文件的灵活性

三、ROS 工作空间覆盖

1. 概念

所谓工作空间覆盖，是指不同工作空间中存在重名的功能包的情形。

ROS 开发中，会自定义工作空间且自定义工作空间可以同时存在多个，由此可能会出现如下情况：虽然特定工作空间内的功能包不能重名，但是自定义工作空间的功能包与内置的功能包可以重名，或者不同的自定义工作空间中也可以出现重名的功能包。那么调用该名称功能包时，会调用哪一个呢？比如：自定义工作空间 A 存在功能包 turtlesim，自定义工作空间 B 也存在功能包 turtlesim，当然系统内置空间也存在 turtlesim，如果调用 turtlesim 包，会调用哪个工作空间中的呢？

2. 实现

1）新建工作空间 A 与工作空间 B，两个工作空间中都创建功能包：turtlesim。

2）在 ~/. bashrc 文件下追加当前工作空间的 bash 格式如下：

```
source /home/用户/路径/工作空间 A/devel/setup.bash
source /home/用户/路径/工作空间 B/devel/setup.bash
```

3）新开命令行：加载环境变量。

```
source.bashrc
```

4）查看 ROS 环境变量。

```
echo $ROS_PACKAGE_PATH
```

结果：自定义工作空间 B：自定义空间 A：系统内置空间

5）调用命令：进入自定义工作空间 B。

```
roscdturtlesim
```

ROS 会解析 . bashrc 文件，并生成 ROS_PACKAGE_PATH ROS 包路径，该变量中按照 . bashrc 中配置设置工作空间优先级，在设置时需要遵循下述原则。

ROS_PACKAGE_PATH 中的值，和 . bashrc 的配置顺序相反 – – –>后配置的优先级更高，如果更改自定义空间 A 与自定义空间 B 的 source 顺序，那么调用时，将进入工作空间 A。

因此，功能包重名时，会按照 ROS_PACKAGE_PATH 查找，配置在前的会优先执行。

四、ROS 节点名称重名

ROS 中创建的节点是有名称的，C + + 初始化节点时通过 API: ros: : init(argc, argv, " xxxx")；来定义节点名称。在 ROS 的网络拓扑中，是不可以出现重名节点的，因为假设节点可以重名存在，那么调用时会产生混淆。这也就意味着，不可以启动重名节点或者同一个节点启动多次。的确，在 ROS 中如果启动重名节点的话，之前已经存在的节点会被直接关闭，但是如果有这种需求的话，怎么优化呢？

在 ROS 中给出的解决策略是使用命名空间或名称重映射。命名空间就是为名称添加前缀，名称重映射是为名称起别名。这两种策略都可以解决节点重名问题，两种策略的实现途径有多种：rosrun 命令、launch 文件、编码实现。

1. rosrun 设置命名空间与重映射

（1）rosrun 设置命名空间

1）设置命名空间演示。

语法：rosrun 包名 节点名 __ns: = 新名称。

```
rosrun turtlesim turtlesim_node __ns: = /xxx
```

```
rosrun turtlesim turtlesim_node __ns:=/yyy
```

两个节点都可以正常运行。

2）运行结果。

rosnode list 查看节点信息，显示结果：

```
/xxx/turtlesim
/yyy/turtlesim
```

（2）rosrun 名称重映射

1）为节点起别名。

语法：rosrun 包名 节点名 __name:=新名称。

```
rosrun turtlesim turtlesim_node __name:=t1 | rosrun turtlesim
turtlesim_node /turtlesim:=t1(不适用于 python)
```

```
rosrun turtlesim turtlesim_node __name:=t2 | rosrun turtlesim
turtlesim_node /turtlesim:=t2(不适用于 python)
```

两个节点都可以运行。

2）运行结果。

rosnode list 查看节点信息，显示结果：

```
/t1
/t2
```

（3）rosrun 命名空间与名称重映射叠加

1）设置命名空间同时名称重映射。

语法：rosrun 包名 节点名 __ns:=新名称 __name:=新名称。

```
rosrun turtlesim turtlesim_node __ns:=/xxx __name:=tn
```

2）运行结果。

rosnode list 查看节点信息，显示结果：

```
/xxx/tn
```

2. launch 文件设置命名空间与重映射

介绍 launch 文件的使用语法时，在 node 标签中有两个属性：name 和 ns，二者分别是用于实现名称重映射与命名空间设置的。使用 launch 文件设置命名空间与名称重映射也比较简单。

（1）launch 文件

```
<launch>

    <node pkg = "turtlesim" type = "turtlesim_node" name = "t1" />
    <node pkg = "turtlesim" type = "turtlesim_node" name = "t2" />
    <node pkg = "turtlesim" type = "turtlesim_node" name = "t1" ns = "hello"/>

</launch>
```

在 node 标签中，name 属性是必须的，ns 可选。

（2）运行

rosnode list 查看节点信息，显示结果：

```
/t1
/t2
/t1/hello
```

3. 编码设置命名空间与重映射

如果自定义节点实现，那么可以更灵活地设置命名空间与重映射实现。

（1）C++ 实现重映射

1）名称别名设置。

核心代码：

```
ros::init(argc,argv,"zhangsan",ros::init_options::AnonymousName);
```

2）执行。会在名称后面添加时间戳。

（2）C++ 实现命名空间

1）命名空间设置。

核心代码：

```
std::map<std::string, std::string>map;
map["__ns"] = "xxxx";
ros::init(map,"wangqiang");
```

2）执行。节点名称设置了命名空间。

五、ROS 话题名称设置

在 ROS 中节点名称可能出现重名的情况，同理话题名称也可能重名。

在 ROS 中节点终端，不同的节点之间通信都依赖于话题，话题名称也可能出现重复的情况，这种情况下，系统虽然不会出现异常，但是可能导致订阅的消息是非预期的，从而导致节点运行异常。这种情况下需要将两个节点的话题名称由相同修改为不同。

在 ROS 中给出的解决策略是使用命名空间或名称重映射。命名空间就是为名称添加前缀，名称重映射是为名称起别名。这两种策略都可以解决话题重名问题，两种策略的实现途径有多种：rosrun 命令、launch 文件、编码实现。

1. rosrun 设置话题重映射

rosrun 名称重映射语法：

```
rosrun 包名 节点名 话题名：=新话题名称
```

实现 teleop_twist_keyboard 与乌龟显示节点通信方案如下：

1）将 teleop_twist_keyboard 节点的话题设置为/turtle1/cmd_vel。

2）启动键盘控制节点：

```
rosrun teleop_twist_keyboard teleop_twist_keyboard.py
/cmd_vel：=/turtle1/cmd_vel
```

3）启动乌龟显示节点：

```
rosrun turtlesim turtlesim_node
```

二者可以实现正常通信。

2. launch 文件设置话题重映射

launch 文件设置话题重映射语法：

```
<node pkg = "xxx" type = "xxx" name = "xxx" >
    <remap from = "原话题" to = "新话题" />
</node >
```

实现 teleop_twist_keyboard 与乌龟显示节点通信方案如下：
将 teleop_twist_keyboard 节点的话题设置为/turtle1/cmd_vel。

```
<launch >

    <node pkg = "turtlesim" type = "turtlesim_node" name = "t1" />
    <node pkg = "teleop_twist_keyboard" type = "teleop_twist_keyboard.py" name
= "key" >
        <remap from = "/cmd_vel" to = "/turtle1/cmd_vel" />
    </node >

</launch >
```

二者可以实现正常通信。

3. 编码设置话题名称

话题的名称与节点的命名空间、节点的名称是有一定关系的，话题名称大致可以分为三种类型。

1）全局（话题参考 ROS 系统，与节点命名空间平级）。

2）相对（话题参考的是节点的命名空间，与节点名称平级）。

3）私有（话题参考节点名称，是节点名称的子级）。

结合编码演示具体关系。

（1）演示准备

1）初始化节点设置一个节点名称。

```
ros::init(argc,argv,"hello")
```

2）设置不同类型的话题。

3）启动节点时，传递一个 __ns: = xxx。

4）节点启动后，使用 rostopic 查看话题信息。

（2）全局名称

格式：以/开头的名称，和节点名称无关。

比如：/xxx/yyy/zzz。

示例 1：

```
ros::Publisher pub = nh.advertise < std_msgs::String > ("/chatter",1000);
```

结果 1：

```
/chatter
```

（3）相对名称

格式：非/开头的名称，参考命名空间（与节点名称平级）来确定话题名称。

示例 1：

```
ros::Publisher pub = nh.advertise < std_msgs::String > ("chatter",1000);
```

结果 1：

```
xxx/chatter
```

（4）私有名称

格式：以 ~ 开头的名称。

示例 1：

```
ros::NodeHandle nh("~");

ros::Publisher pub = nh.advertise<std_msgs::String>("chatter",1000);
```

结果 1：

```
/xxx/hello/chatter
```

PS：当使用 ~ ，而话题名称有时/开头时，那么话题名称是绝对的。

六、ROS 参数名称设置

ROS 在 ROS 中节点名称、话题名称可能出现重名的情况，同理参数名称也可能重名。

当参数名称重名时，那么就会产生覆盖，如何避免这种情况？

关于参数重名的处理，没有重映射实现，为了尽量避免参数重名，都是使用为参数名添加前缀的方式，实现类似于话题名称，有全局、相对和私有三种类型之分。

设置参数的方式也有三种：rosrun 命令、launch 文件、编码实现。

1. rosrun 设置参数

rosrun 在启动节点时，也可以设置参数。

语法：rosrun 包名 节点名称_参数名：=参数值。

（1）设置参数

启动乌龟显示节点，并设置参数 A=100。

```
rosrun turtlesim turtlesim_node _A:=100
```

（2）运行

rosparam list 查看节点信息，显示结果：

```
/xxx/hello/chatter/money
/turtlesim/A
/turtlesim/background_b
/turtlesim/background_g
/turtlesim/background_r
```

结果显示，参数 A 前缀节点名称，也就是说 rosrun 执行设置参数名使用的是私有模式。

2. launch 文件设置参数

通过 launch 文件设置参数的方式前面已经介绍过了，可以在 node 标签外，或 node 标签中通过 param 或 rosparam 来设置参数。在 node 标签外设置的参数是全局性质的，参考的是'/'，在 node 标签中设置的参数是私有性质的，参考的是 '/命名空间/节点名称'。

（1）设置参数

以 param 标签为例，设置参数。

```
<launch>

    <param name = "p1" value = "100" />
    <node pkg = "turtlesim" type = "turtlesim_node" name = "t1" >
        <param name = "p2" value = "100" />
    </node>

</launch>
```

（2）运行

rosparam list 查看节点信息，显示结果：

```
/p1
/t1/p1
```

运行结果与预期一致。

3. 编码设置参数

编码的方式可以更方便地设置全局、相对于私有参数。

在 C++ 中，可以使用 ros::param 或者 ros::NodeHandle 来设置参数。

（1）ros::param 设置参数

设置参数调用 API 是 ros::param::set，该函数中，参数 1 传入参数名称，参数 2 是传入参数值，参数 1 中参数名称设置时，如果以"/"开头，那么就是全局参数，如果以"～"开头，那么就是私有参数，既不以"/"也不以"～"开头，那么就是相对参数。代码示例：

```
ros::param::set("/set_A",100); //全局,与命名空间以及节点名称无关
ros::param::set("set_B",100); //相对,参考命名空间
ros::param::set("~set_C",100); //私有,参考命名空间与节点名称
```

运行时，假设设置的 namespace 为 xxx，节点名称为 yyy，使用 rosparam list 查看：

```
/set_A
/xxx/set_B
/xxx/yyy/set_C
```

（2）ros::NodeHandle 设置参数

设置参数时，首先需要创建 NodeHandle 对象，然后调用该对象的 setParam 函数，该函数

参数 1 为参数名，参数 2 为要设置的参数值，如果参数名以 "/" 开头，那么就是全局参数，如果参数名不以 "/" 开头，那么，该参数是相对参数还是私有参数与 NodeHandle 对象有关，如果 NodeHandle 对象创建时如果是调用的默认的无参构造，那么该参数是相对参数，如果 NodeHandle 对象创建时是使用：ros::NodeHandle nh(" ~ ")，那么该参数就是私有参数。

代码示例：

```
ros::NodeHandle nh;
nh.setParam("/nh_A",100); //全局,和命名空间以及节点名称无关

nh.setParam("nh_B",100); //相对,参考命名空间

ros::NodeHandle nh_private(" ~ ");
nh_private.setParam("nh_C",100);//私有,参考命名空间与节点名称
```

运行时，假设设置的 namespace 为 xxx，节点名称为 yyy，使用 rosparam list 查看：

```
/nh_A
/xxx/nh_B
/xxx/yyy/nh_C
```

七、ROS 分布式通信

ROS 是一个分布式计算环境。一个运行中的 ROS 系统可以包含分布在多台计算机上的多个节点。根据系统的配置方式，任何节点都可能随时需要与任何其他节点进行通信。

因此，ROS 对网络配置有某些要求，所有端口上的所有机器之间必须有完整的双向连接，每台计算机必须通过所有其他计算机都可以解析的名称来公告自己。

1. 准备

先要保证不同计算机处于同一网络中，最好分别设置固定 IP，如果为虚拟机，需要将网络适配器改为桥接模式。

2. 配置文件修改

分别修改不同计算机的 /etc/hosts 文件，在该文件中加入对方的 IP 地址和计算机名。
主机端：

从机的 IP   从机计算机名

从机端：

主机的 IP   主机计算机名

设置完毕，可以通过 ping 命令测试网络通信是否正常。

IP 地址查看名：ifconfig

计算机名称查看：hostname

3. 配置主机 IP

配置主机的 IP 地址。

~/. bashrc 追加。

export ROS_MASTER_URI ＝http：//主机 IP：11311
export ROS_HOSTNAME ＝主机 IP

4. 配置从机 IP

配置从机的 IP 地址，从机可以有多台，每台都做如下设置：

~/. bashrc 追加。

export ROS_MASTER_URI ＝http：// 主机 IP：11311
export ROS_HOSTNAME ＝从机 IP

5. 测试

主机启动 roscore（必须）。主机启动订阅节点，从机启动发布节点，测试通信是否正常。反向测试，主机启动发布节点，从机启动订阅节点，测试通信是否正常。

任务小结

1. 在 ROS 中重名是经常出现的，重名时会导致下列情况。

1）包名重复，会导致覆盖。

2）节点名称重复，会导致先启动的节点关闭。

3）话题名称重复，无语法异常，但是可能导致通信实现出现逻辑问题。

4）参数名称重复，会导致参数设置的覆盖。

2. 解决重名问题的实现方案有两种：重映射（重新起名字）、为命名添加前缀。

3. 元功能包：将不同的功能包打包成一个功能包，当安装某个功能模块时，直接调用打包后的功能包即可。

4. launch 文件是一个 XML 格式的文件，可以启动本地和远程的多个节点，还可以在参数服务器中设置参数。

5. launch 文件标签有：launch、node、include、remap、param、rosparam、group、arg。

6. 工作空间覆盖，是指不同工作空间中，存在重名的功能包的情形。

学习任务五
ROS 常用组件

任务描述

对于编程语言来说，它发展的目的就是重复使用，无论面向对象还是面向组件，它们的目的都是重复使用，写一次就不用再写了，这样可以减少代码量，使得代码更容易维护。组件（Component）是对数据和方法的简单封装。在 ROS 中同样也内置了一些比较实用的组件和工具，通过这些组件和工具可以方便、快捷地实现某个功能或调试程序，从而提高开发效率。

本任务主要介绍 ROS 中内置的 TF 坐标变换、rosbag 和 rqt 工具箱这三个组件，使同学们能够独立完成小乌龟跟随案例；可以使用 rosbag 命令或编码的形式实现录制与回放；能够熟练使用 rqt 中的图形化工具。

学习目标

知识目标

1. 描述 TF 坐标变换的概念、分类及坐标 msg 消息。
2. 说出 TF 功能包和 TF 工具的名称。
3. 设计 TF 案例：小乌龟跟随。
4. 描述 rosbag 的功能和使用方法。
5. 可以使用 rosbag 命令或编码的形式实现录制与回放。
6. 说出 rqt 工具箱的功能及 rqt 常用插件。
7. 归纳 rqt 的安装启动与基本使用方法。

素养目标

1. 理解机器人技术的最新科技发展，掌握基于 ROS 开发机器人的技术与方法。
2. 激发学生兴趣爱好，促进学生在机械、电子系统、高级语言编程各方面的深入学习与专长发展。
3. 激发学生学习编程的热情，培养学生创新能力。
4. 培养学生举一反三的运用能力，正确运用 ROS 中 TF 转换、rosbag 及 rqt 组件进行应用开发。

知识准备

一、TF 坐标变换

1. TF 坐标变换的概念及分类

（1）TF 坐标变换的概念

机器人在空间中运动主要有两种形式：平移和旋转，也就是线速度和角速度。

机器人系统上，有多个传感器，如激光雷达、摄像头等，有的传感器是可以感知机器人周边的物体方位（或者称之为：坐标，横向、纵向、高度的距离信息），以协助机器人定位障碍物，但是物体相对该传感器的方位信息，并不等价于物体相对于机器人系统或机器人其他组件的方位信息，这中间需要进行坐标转换。

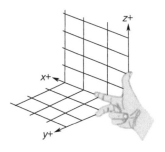

图 4 - 5 - 1　坐标系

TF（TransForm Frame），就是坐标变换，包括了位置和姿态两个方面的变换，在 ROS 中用于实现不同坐标系之间的点或向量的转换。ROS 中是通过坐标系来标定物体的，确切地说是通过右手坐标系来标定的，如图 4 - 5 - 1 所示。

注意区分坐标转换和坐标系转换。坐标转换是一个坐标在不同坐标系下的表示，而坐标系转换是不同坐标系的相对位姿关系。

（2）TF 坐标变换的分类

坐标变换法分为静态坐标变换、动态坐标变换和多坐标变换。

1）静态坐标变换：是指两个坐标系之间的相对位置是固定的。

2）动态坐标变换：是指两个坐标系之间的相对位置是变化的。

3）多坐标变换：对于静态坐标变换和动态坐标变换所涉及的坐标系只有两个，而在机器人坐标系统中，会涉及多个坐标系统。比如父级坐标系统 world 下有两子级系统：son1 和 son2。

2. TF 功能包及 TF 工具

（1）TF 功能包

坐标变换是机器人系统中常用的基础功能，ROS 中的坐标变换系统由 TF 功能包维护。TF 是一个让用户随时间跟踪多个坐标系的功能包，它用树形数据结构，根据时间缓冲并维护多个坐标系之间的坐标变换关系，可以帮助开发者在任意时间，在坐标系间完成点、向量等坐标的变换。

在 ROS 中坐标变换最初对应的是 TF，不过在 hydro 版本开始，TF 被弃用，迁移到 TF2，后者更为简洁高效，TF2 对应的常用功能包有以下这些。

1）geometry_msgs 功能包：里面包含了常见坐标系的数据类型（eg. TransformStamped 数

据类型包含了参考坐标系的名称，参考坐标系创建的时间以及子坐标系相较于参考坐标系的相对位置（旋转＋平移）；PointStamped 数据类型包含了子坐标系中点的坐标）。

2）tf2_geometry_msgs 功能包：该功能包的主要作用就是根据"接收到的坐标系相互关系的信息（TransformStamped 数据），以及自身子坐标系中坐标点的信息（PointStamped 数据）"，通过 TF2 功能包的计算，得到"参考坐标系下坐标点的位置信息"。

3）TF2 功能包：封装了坐标变换的常用消息。用于根据坐标系信息以及坐标系间的关系，计算得到坐标系之间坐标变换关系（向量/坐标系的旋转）。

4）tf2_ros 功能包：该功能包用于在节点之间发送信息并进行相关操作，为 TF2 提供了 roscpp 和 rospy 绑定，封装了坐标变换常用的 API。这些都是基于内部的 NodeHandle 对象实现的。例如，eg. Tf2_ros 功能包中 StaticTransformBroadcaster 用于发布 static_tf 话题消息；TransformListener 用于订阅 static_tf 话题消息；Buffer 用于缓存订阅节点订阅到的 static_tf 话题消息。

（2）TF 工具

坐标系统虽然是一个基础理论，但是由于涉及多个空间之间的变换，不容易进行想象，所以 TF 提供了丰富的终端工具来帮助开发者调试和创建 TF 变换。

1）tf_monitor。tf_monitor 工具的功能是将当前的坐标系转换关系打印到终端控制台，命令的格式如下：

```
rosrun tf tf_monitor
```

也可以通过输入参数来查看指定坐标系之间的坐标系关系，命令的格式如下：

```
tf_monitor <source_frame> <target_frame>
```

2）tf_echo。tf_echo 工具的功能是查看指定坐标系之间的变换关系，命令的格式如下：

```
tf_echo <source_frame> <target_frame>
```

3）static_transform_publisher。tf_transform_publisher 工具的功能是发布两个坐标系之间的静态坐标变换，这两个坐标系不发生相对位置变化。这个是最重要的命令，既可以在命令行使用，也可以在 launch 文件中使用，并且经常在 launch 文件中使用。它主要有下面两种形式。

①发布一个父坐标系到子坐标系的静态 TF 转换，偏移 x/y/z（单位是 m），旋转是欧拉角 yaw/pitch/roll（单位是弧度 rad），这里 yaw（航向角）是关于 z 轴的旋转，pitch（俯仰角）是关于 y 轴的旋转，roll（横滚角）是关于 x 轴的旋转。这里的周期 period_in_ms，是这个 TF 的发布周期。

```
static_transform_publisher x y z yaw pitch roll frame_id child_frame_id period_
in_ms
```

在 launch 文件中使用格式：

```
<launch>
  <node pkg = "tf" type = "static_transform_publisher"
name = "link1_broadcaster" args = "1 0 0   0 0 0 link1_parent_frame
link1_child_frame 100" />
</launch>
```

②发布一个父坐标系到子坐标系的静态 TF 转换，偏移 x/y/z（单位是 m），旋转是四元数 qx qy qz qw，这里的周期 period_in_ms，是这个 TF 的发布周期。

```
static_transform_publisher x y z qx qy qz qw frame_id child_frame_idperiod_in_ms
```

在 launch 文件中使用格式：

```
<launch>
    <node pkg = "tf" type = "static_transform_publisher"
name = "link1_broadcaster" args = "1 0 0    0 0 0 1 link1_parent_frame
link1_child_frame 100" />
</launch>
```

4）view_frames。view_frames 是可视化的调试工具，可以生成 pdf 文件，显示整棵 TF 树的信息。执行方式为：

```
rosrun tf2_tools view_frames.py
```

然后使用以下命令，或者 pdf 阅读器查看生成的 pdf 文件。

```
evince frames.pdf
```

5）rviz。rviz 是一种可视化工具，可以借助 rviz 显示坐标系关系，具体操作如下。
①新建窗口输入命令：rviz。
②在启动的 rviz 中设置 Fixed Frame 为 base_link。
③点击左下的 add 按钮，在弹出的窗口中选择 TF 组件，即可显示坐标关系。

3. 坐标 msg 消息

订阅发布模型中数据载体 msg 是一个重要实现，在坐标变换中，需要使用坐标系的相对关系（geometry_msgs/TransformStamped）以及坐标点信息（geometry_msgs/PointStamped）。前者用于传输坐标系相关位置信息，后者用于传输某个坐标系内坐标点的信息。

（1）geometry_msgs/TransformStamped

命令行键入：

```
rosmsg info geometry_msgs/TransformStamped
std_msgs/Header header                          #头信息
  uint32 seq                                    #|--序列号
  time stamp                                    #|--时间戳
    string frame_id                             #|--坐标 ID
string child_frame_id                      #子坐标系的 id
geometry_msgs/Transform transform          #坐标信息
  geometry_msgs/Vector3 translation             #偏移量
    float64 x                                   #|--x 方向的偏移量
    float64 y                                   #|--y 方向的偏移量
    float64 z                                   #|--z 方向上的偏移量
  geometry_msgs/Quaternion rotation        #四元数
    float64 x
    float64 y
    float64 z
    float64 w
```

四元数用于表示坐标的相对姿态。

（2）geometry_ msgs/PointStamped

命令行键入：

```
rosmsg info geometry_msgs/PointStamped
```

```
std_msgs/Header header                          #头
  uint32 seq                                    #|--序号
  time stamp                                    #|--时间戳
    string frame_id                             #|--所属坐标系的 id
geometry_msgs/Point point                  #点坐标
  float64 x                                     #|--x y z 坐标
  float64 y
  float64 z
```

二、rosbag

1. rosbag 的概述

机器人传感器获取的信息，有时我们可能需要实时处理，有时可能只用于采集数据，事后分析。例如，机器人导航实现中，可能需要绘制导航所需的全局地图。地图绘制的实现有两种方式：方式 1，可以控制机器人运动，将机器人传感器感知到的数据实时处理，生成地图信息。方式 2，同样是控制机器人运动，将机器人传感器感知到的数据留存，事后再重新读取数据，生成地图信息。两种方式比较，显然方式 2 使用上更为灵活方便。

在 ROS 中关于数据的留存以及读取实现，提供了专门的工具：rosbag。rosbag 是用于录制和回放 ROS 主题的一个工具集。它实现数据的复用，方便调试、测试。rosbag 本质也是 ros 的节点，当录制时，rosbag 是一个订阅节点，可以订阅话题消息并将订阅到的数据写入磁盘文件；当重放时，rosbag 是一个发布节点，可以读取磁盘文件，发布文件中的话题消息。

2. rosbag 的使用

实现数据的录制和回放可以通过命令行和编码的方式。

需求：ROS 内置的乌龟案例并操作，操作过程中使用 rosbag 录制，录制结束后，实现重放。

（1）命令行

步骤如下。

1）创建目录保存录制的文件。

```
mkdir ./xxx
cd xxx
```

2）开始录制。

```
rosbag record -a -O 目标文件
```

3）查看文件。

```
rosbag info 文件名
```

4）回放文件。

```
rosbag play 文件名
```

重启乌龟节点，会发现，乌龟按照录制时的轨迹运动。

（2）编码

命令实现不够灵活，可以使用编码的方式，增强录制与回放的灵活性，步骤如下。

1）写 bag。

```
#include "ros/ros.h"
#include "rosbag/bag.h"
#include "std_msgs/String.h"
int main(int argc, char *argv[])
{
    ros::init(argc,argv,"bag_write");
    ros::NodeHandle nh;
    // 创建 bag 对象
```

```
rosbag::Bag bag;
//打开
bag.open("/home/rosdemo/demo/test.bag",rosbag::BagMode::Write);
//写
std_msgs::String msg;
msg.data = "hello world";
bag.write("/chatter",ros::Time::now() ,msg);
bag.write("/chatter",ros::Time::now() ,msg);
bag.write("/chatter",ros::Time::now() ,msg);
bag.write("/chatter",ros::Time::now() ,msg);
//关闭
bag.close() ;
return 0;
}
```

2）读 bag。

```
/*
    读取 bag 文件:
*/
#include "ros/ros.h"
#include "rosbag/bag.h"
#include "rosbag/view.h"
#include "std_msgs/String.h"
#include "std_msgs/Int32.h"
int main(int argc, char *argv[])
{
    setlocale(LC_ALL,"");
    ros::init(argc,argv,"bag_read");
    ros::NodeHandlenh;
    //创建 bag 对象
    rosbag::Bag bag;
    //打开 bag 文件
    bag.open("/home/rosdemo/demo/test.bag",rosbag::BagMode::Read);
    //读数据
    for (rosbag::MessageInstance const m : rosbag::View(bag))
    {
        std_msgs::String::ConstPtr p = m.instantiate < std_msgs::String >() ;
        if(p ! =nullptr){
            ROS_INFO("读取的数据:% s",p ->data.c_str() );
```

```
      }
  }
  //关闭文件流
  bag.close();
  return 0;
}
```

三、rqt 工具箱

1. rqt 工具箱的概念

ROS 基于 QT 框架，针对机器人开发提供了一系列可视化的工具，这些工具的集合就是 rqt。前面用到的工具，如 rosbag 和 tf2_tools 等，在启动和使用过程中涉及一些命令操作，应用起来不够方便，而 ROS 提供的 rqt 工具箱，在调用工具时以图形化操作代替了命令操作，可以方便地实现 ROS 可视化调试，并且在同一窗口中打开多个部件，提高开发效率，优化用户体验。

rqt 工具箱的组成有以下三大部分。

1）qt——核心实现，开发人员无需关注。

2）rqt_common_plugins——rqt 中常用的工具套件。

3）rqt_robot_plugins——运行中和机器人交互的插件（比如：rviz）。

2. rqt 安装启动与基本使用

（1）安装

一般只要用户安装的是 desktop-full 版本就会自带工具箱，如果需要安装可以以如下方式安装：

```
$ sudo apt-get install ros-noetic-rqt
$ sudo apt-get install ros-noetic-rqt-common-plugins
```

（2）启动

rqt 的启动方式有两种：

```
方式1:rqt
方式2:rosrun rqt_gui rqt_gui
```

（3）基本使用

启动 rqt 之后，可以通过 plugins 添加所需的插件，如图 4-5-2 所示。

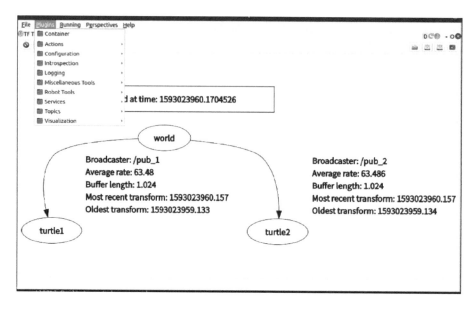

图 4 - 5 - 2　添加插件

3. rqt 常用插件

（1）rqt_graph

rqt_graph 可以可视化显示计算图。启动方式：可以在 rqt 的 plugins 中添加，或者使用 rqt_graph启动，如图 4 - 5 - 3 所示。

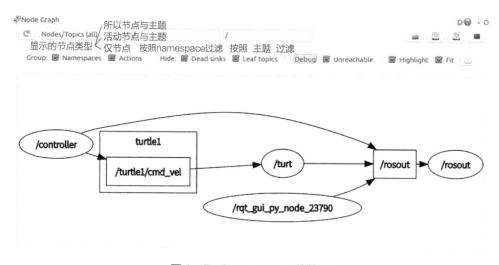

图 4 - 5 - 3　rqt_graph 的使用

（2）rqt_console

rqt_console 是 ROS 中用于显示和过滤日志的图形化插件，运行步骤如下：

1）准备：编写 Node 节点输出各个级别的日志信息。

```
/*
    ROS 节点:输出各种级别的日志信息
*/
#include "ros/ros.h"
int main(int argc, char *argv[])
{
    ros::init(argc,argv,"log_demo");
    ros::NodeHandle nh;
    ros::Rate r(0.3);
    while (ros::ok())
    {
        ROS_DEBUG("Debug message d");
        ROS_INFO("Info message ooooooooooooooo");
        ROS_WARN("Warn message wwwww");
        ROS_ERROR("Erroe message EEEEEEEEEEEEEEEEEEEE");
        ROS_FATAL("Fatal message FFFFFFFFFFFFFFFFFFFFFFFFFFFF");
        r.sleep();
    }
    return 0;
}
```

2）启动。可以在 rqt 的 plugins 中添加，或者使用 rqt_console 启动，如图 4 - 5 - 4 所示。

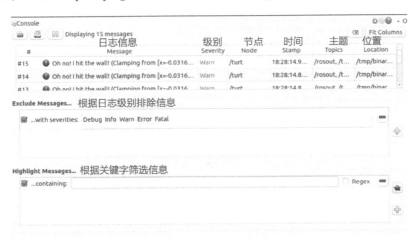

图 4 - 5 - 4　rqt_console 的使用

（3）rqt_plot

rqt_plot 是图形绘制插件，可以用 2D 绘图的方式绘制发布 topic 上的数据，运行步骤如下。

1）准备：启动 turtlesim 乌龟节点与键盘控制节点，通过 rqt_plot 获取乌龟位姿。

2）启动：可以在 rqt 的 plugins 中添加，或者使用 rqt_plot 启动，如图 4 - 5 - 5 所示。

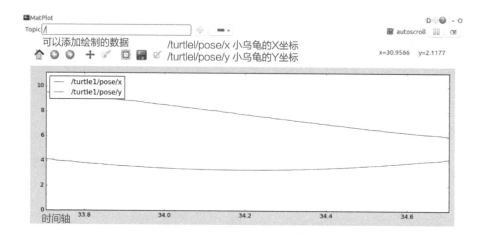

图 4 - 5 - 5　rqt_plot 的使用

（4）rqt_bag

rqt_bag 是录制和重放 bag 文件的图形化插件，运行步骤如下。

1）准备：启动 turtlesim 乌龟节点与键盘控制节点。

2）启动：可以在 rqt 的 plugins 中添加，或者使用 rqt_bag 启动，如图 4 - 5 - 6 所示。

图 4 - 5 - 6　rqt_bag 的使用

3）录制。

4）重放，如图 4 - 5 - 7 所示。

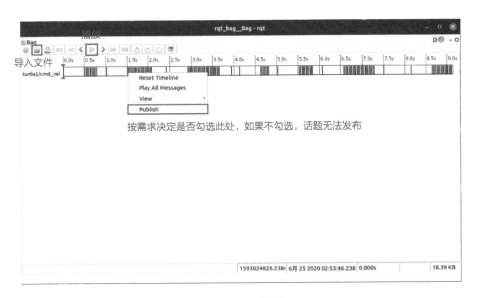

图4-5-7 重放

任务小结

1. TF坐标变换

（1）TF（TransForm Frame），就是坐标变换，包括了位置和姿态两个方面的变换。

（2）功能：在ROS中用于实现不同坐标系之间的点或向量的转换。

（3）机器人在空间中运动主要有两种形式：平移和旋转，也就是线速度和角速度。

（4）分类：坐标变换法分为静态坐标变换、动态坐标变换和多坐标变换。

（5）常用的功能包：geometry_msgs、tf2_geometry_msgs、tf2_ros、tf2。

（6）工具：tf_monitor、tf_echo、static_transform_publisher、view_frames、rviz。

（7）在坐标转换实现中常用的msg：geometry_msgs/TransformStamped和geometry_msgs/PointStamped。

2. rosbag用于录制ROS节点的执行过程并可以重放该过程；rosbag本质也是ros的节点。

3. 实现数据的录制和回放的方式有两种：命令行和编码。

4. rqt工具箱集成了多款图形化的调试工具，以图形化操作代替了命令操作。

5. rqt工具箱组成有rqt、rqt_common_plugins和rqt_robot_plugins三大部分。

6. rqt常用的插件：rqt_graph、rqt_console、rqt_plot和rqt_bag。

复习题

1. 判断题

（1）ROS中可执行程序的基本单位叫主题。 （   ）

（2）计算图中的节点、话题、服务、动作都要有唯一名称作为标识。 （   ）

（3）在话题通信中，发布方与订阅方的话题必须保持一致，才能进行通信。　　（　　）

（4）服务通信中也有话题，但是不需要保持一致。　　（　　）

（5）话题通信无缓冲区，而服务通信有缓冲区。　　（　　）

（6）launch 文件采用 XML 格式书写。　　（　　）

（7）当重放时，rosbag 是一个订阅节点。　　（　　）

（8）rqt 工具箱以图形化操作代替了命令操作。　　（　　）

（9）ROS_WARN（"Hello，WARN"），默认红色字体。　　（　　）

（10）rviz 不需要已有数据。　　（　　）

2. 选择题

（1）ROS 由以下哪些模块组成？（　　）

　　A. 通信　　　　　　B. 工具　　　　　　C. 文件系统　　　　D. 生态系统

（2）以下哪个命令是启动 ROS 核心？（　　）

　　A. roscore　　　　 B. rosrun　　　　　 C. rosvip　　　　　D. rosget

（3）以下（　　）不是话题通信中的角色。

　　A. 服务器　　　　　B. 发布方　　　　　C. 订阅方　　　　　D. 管理者

（4）以下哪个命令是查看话题相关的信息？（　　）

　　A. rosnode　　　　 B. rostopic　　　　 C. rosmsg　　　　　D. rossrv

（5）以下（　　）角色不属于服务通信相关者。

　　A. 订阅方　　　　　B. 管理者　　　　　C. 服务端　　　　　D. 客户端

（6）请问以下哪个类可以访问客户端中的自定义 srv？（　　）

　　A. Response　　　　B. Request　　　　 C. Receive　　　　 D. Service

（7）下面哪个 launch 文件标签用于将另一个 xml 格式的 launch 文件导入到当前文件。
（　　）

　　A. launch　　　　　B. node　　　　　　C. include　　　　　D. param

（8）话题名称可以分为（　　）类型。

　　A. 全局　　　　　　B. 相对　　　　　　C. 私有　　　　　　D. 公共

（9）包含了常见坐标系的数据类型的功能包是（　　）。

　　A. geometry_msgs　　　　　　　　　　　B. tf2_geometry_msgs

　　C. tf2　　　　　　　　　　　　　　　　 D. tf2_ros

（10）在 ROS 中日志级别包括以下哪些？（　　）

　　A. DEBUG（调试）　　　　　　　　　　 B. INFO（信息）

　　C. WARN（警告）　　　　　　　　　　　D. ERROR（错误）

参考文献

[1] 陈敏. 计算机 C 程序设计基础课程的教学实践 [J]. 集成电路应用, 2021, 38 (12): 158 – 159.

[2] 贺秋瑞, 郭晓, 伍临莉. 新工科背景下 "C 程序设计" 教学改革探索 [J]. 科技风, 2022 (35): 99 – 101.

[3] 袁雪梦. 程序设计类课程中思政教育的探索与实践——以《C 程序设计》课程为例 [J]. 电子元器件与信息技术, 2021, 5 (8): 227 – 228, 230.

[4] 张敬环, 任瑞仙. "C 程序设计" 混合式教学探索与实践 [J]. 计算机时代, 2021 (6): 84 – 86, 90.

[5] 刘金月, 刘华鋆, 时贵英. 智慧教育背景下 "C 程序设计" 教学研究与实践 [J]. 微型电脑应用, 2021, 37 (3): 7 – 9.

[6] 武柳. 计算机 C 语言的课程教学实践 [J]. 集成电路应用, 2022, 39 (10): 160 – 161.

[7] 杨小敏. 中职学校《C 语言程序设计》混合教学模式的构建 [J]. 数据, 2023 (3): 77 – 78.

[8] 陈帅华. 高职院校 C 程序设计课程信息化教学设计研究 [J]. 科学咨询 (教育科研), 2020 (8): 105.

[9] 杜川川. 研究嵌入式系统的 CAN 总线汽车仪表 [J]. 时代汽车, 2023 (3): 152 – 154.

[10] 喻奎达. 嵌入式系统在电子信息技术中的应用分析 [J]. 中国设备工程, 2022 (21): 120 – 122.

[11] 童英华. "嵌入式系统与应用" 教学改革与探索 [J]. 物联网技术, 2022, 12 (8): 137 – 138, 141.

[12] 高瑞丽, 张爱荣, 刘霞. 基于 STM32 嵌入式系统四种编程方法的探究 [J]. 软件, 2022, 43 (4): 158 – 161.

[13] 陈伟, 严奎, 刘静. "三元素、四模块" 嵌入式系统项目化教学平台研究与构建 [J]. 大学, 2021 (39): 58 – 60.

[14] 孙巍伟, 王晗, 黄民. 基于机器人操作系统的移动机器人激光导航系统 [J]. 科学技术与工程, 2019, 19 (20): 203 – 210.

[15] 张军, 刘先禄, 张宇山. 基于机器人操作系统的机器人自主追踪系统设计 [J]. 科学技术与工程, 2021, 21 (28): 12158 – 12165.

[16] 安峰. 基于开源操作系统 ROS 的机器人软件开发 [J]. 单片机与嵌入式系统应用, 2017, 17 (5): 27 – 29, 33.

［17］宋慧欣，邵振洲. 机器人操作系统新发展［J］. 自动化博览，2016（9）：32－33.

［18］高斌，苗志怀，王颖. 基于 ROS 的机器人创新实践课程建设［J］. 实验室科学，2021，24（5）：86－89.

［19］何佳泽，张寿明.2D 激光雷达移动机器人 SLAM 系统研究［J］. 电子测量技术，2021，44（4）：35－39.

［20］杨幸博，张俊豪，李凯，等. 基于 ROS 的机器人运动规划与仿真研究［J］. 现代电子技术，2021，44（1）：172－175.

［21］赵文瑜. 移动机器人 SLAM 与路径规划研究［D］. 廊坊：华北科技学院，2020.